從藝文空間、巷弄小吃到山海風景，
走進在地人眼中的生活角落

裏嘉義

下港女子——著

WALK INTO

CHIAYI

自序

2020年冬天搬回嘉義，可以說是一場賭氣。

人生很多重要時刻的決定，與其說勇敢，不如像膝跳反射般本能回擊。有些嘗試，得到歪歪斜斜的成果，沾惹了懊悔；有些實驗，從結果論來審視，算是獲得持續向前的解方。我常抽離著，以某種冷靜到逼近冷酷的理性，俯瞰那些被細碎切割的片段——

看人生能被推進到什麼程度。

下港女子的品牌建立是少數賭對的決定。因學生時代隨著家人北遷，長輩三不五時發出返鄉探望親戚的邀請：「禮拜咱做伙轉去下港。」下港兩字隱約成為家族的產地提醒。當疫情重擊之下，職涯落入魍魎黑夜，我用這個粉專書寫生活，以拓展其他人生路徑的可能性。

住在北臺灣卻敘述南國的篇章，即便來歷純正，偶爾還是會收到立場不夠道地的質疑。網路社群留言雖可淡然一笑，但冒出頭時依然稍嫌煩躁，索性一不做二不休，搬回嘉義，走一條坦蕩蕩的光亮清明。

求職生涯的累積都在北部，回到童年之地重新立足，現實當然來得又兇又猛。站在柴米油鹽醬醋茶面前，我不能停筆、也不敢停，只能躍進北回歸線的人情世故，以日復一日的接案生活創造大量的嘉義作品；沒想到超展開的工作量成為家庭共業，先生也辭去原先的工作，專職品牌的影像任務。《裏嘉義》一書全是我們掙討生計累積的真性情。

對嘉義的喜愛是有陰晴圓缺的，那股剽悍帶勁的腥鹹海風、與宮廟信仰緊緊相依的庶民日常、大時代裡新舊更迭的屋顏和人群在街道巷弄間的遊蕩兜轉，那些若近若離的回憶都長成日子裡的皺褶紋理。書裡有豔麗、有灰黯、有新穎、有復古，是一本不太守規矩的旅遊書，我試著擺脫特定美好的營造，細摸嘉義凹凸圓扁的立體容顏。

CONTENTS

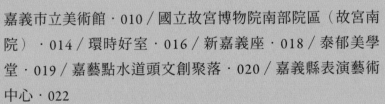

Chapter2 選物與生活美學 · 072

2-1 風格選品店

2-2 新舊交融

2-3 來點酒精

2-4 喫茶享受

CONTENTS

藝術與文化

Art and Culture

光線從門窗篩落進來，
將時光凝結成歲月靜好的瞬間，
每一處都有可能成為誰的綠洲。

將景點加入地圖

↓

嘉義市立美術館

Chiayi Art Museum

　　此處前身，為日治時期臺灣總督府專賣局嘉義支局的辦公廳舍，掌管臺灣菸草、火柴、酒類與樟腦等事業。這座誕生於 1936 年的古蹟建物受到當時西方建築風格影響，呈現俐落的立面且強調水平線條，由著名的技師梅澤捨次郎操刀，他其餘的代表作還有前身是臺南警察署廳舍的「臺南市美術館 1 館」和「臺南林百貨」等。

　　放眼全臺灣的美術館建築，會發現嘉義市立美術館絕對是棟個性相當外向的藝文單位。身為一座小而美的非典型美術館，從建築物的落

地窗向外望去，正好面對著前來的人潮，開闊的視野讓人們能夠更輕鬆地親近外界刺激。我想，嘉義市立美術館也期待自己是全齡友善的空間，而非高不可攀的藝術殿堂，所以在美術館建築與街道之間的關係下足苦心。彎進廣寧街，美術館入口處的前庭種植繽紛多彩的花草綠意，隨風搖曳的狼尾草柔軟大眾對藝術的抗拒，增加了美術館的親和力。

大面積的玻璃帷幕也是嘉義市立美術館的坦誠相對，所有樓層的展廳都能從內部空間直視至外部街道，可以看到社區裡的哪戶人家正在曬被子、三五好友在湖水綠窗框前擺弄拍照的神情，或晴空萬里時感受熱烈的陽光灑在住宅區裡的大片金光。從外部看向美術館的玻璃窗景，則是一幕幕鮮活的畫作，反射在玻璃窗上的朵朵白雲慢慢飄移，那樣的天空有蔚藍、有灰濛濛，也有摸不著邊的黑。若美術館內的藝術展品是才華存在過的證據，那玻璃倒映的街景就是活著的現在進行式，其清透的公共性是這座美術館想與地方居民目睹同一片風景使出的小小心機。

內部空間的木作細節，環環緊扣嘉義過往的「木都」特色。嘉義在日治時期的發展與阿里山林業密不可分，山林的木頭依賴鐵路運送至

山腳下的嘉義製材所加工成木材，官方林務單位、私人木材行到提供給外地商人投宿的旅社，從北門車站一路蔓延至嘉義車站，百年前的城市風華簡直是天然木質調的芳香記憶。藉由美術館的改建工程，建築師拆除部分鋼筋混凝土外牆，改以縱橫多層次實木結構積材工法，活化建築機能，顯現出輕巧又富有木頭紋理的觀展環境。

展覽主題圍繞嘉義的本體性，不少選題都從曾經盛名的「畫都」脈絡延伸。畫都出自 1938 年《臺灣日日新報》新聞標題，當時針對首屆辦理的臺灣總督府美術展覽會以「嘉義乃畫都，入選者佔二成」，強調嘉義藝術家人才濟濟的盛況。例如：嘉義市立美術館的經典展覽《人‧間——陳澄波與畫都》，即是以陳澄波的創作及其收藏書畫，帶領民眾看待早期嘉義的美術發展。

不僅僅畫作，美術館也曾以在嘉義市區經營新高攝影社長達 50 年的攝影師——方慶綿爲核心，聚焦他一生多趙往返平地、阿里山與玉

垂掛的金色流線
致敬嘉義 1930 年
代的黃金歲月。

最前方是以阿里山高山茶為茶酒基底的「西薈芳」。

山之間所捕捉到的山岳影像;或是藉由展出「臺灣頭像的塑造系列」呈現雕塑家蒲添生的美學經典,場場皆是過癮之作。若想要深入認識主題展,三樓的圖書館提供無償的內閱服務,有興趣的人都能在這拾起更多藝術知識。

　　而「J-BIIRU 嘉啤酒餐酒館」的出現,將藝術典藏進行日常轉譯。它位在嘉義市立美術館側棟連接的建築一樓,場地原是日治時期的酒品倉庫。餐點大量選用在地食材,並以畫家陳澄波的作品名稱《西薈芳》、《我的家庭》和《嘉義公園》等畫作命名佳餚,以飲食勾起群眾對原作的興致。看來這段期間美術館煽動的藝術韻事已經形成啟發效應,將往昔接壤未來,開闢更多文化刺激的伸展韌性。

📍 嘉義市西區廣寧街 101 號
🕐 09:00–17:00,週一休館

國立故宮博物院南部院區（故宮南院）
Southern Branch of the National Palace Museum

📍 嘉義縣太保市故宮大道 888 號
🕐 09:00–17:00，週末延後至 18:00 閉館，週一公休

這裡由建築師姚仁喜設計，轉譯傳統水墨畫「濃墨」、「飛白」及「渲染」三種筆法爲設計概念，以最低侵擾嘉南平原地景的方式，建構出流線交織的展覽空間。

濃墨代表典藏與展示空間，意指對自然光相當敏感的文物需要一定程度的呵護遮掩；飛白則是運用在大廳、圖書館和餐飲的玻璃與鋼柱，8000 多片玻璃帷幕可將外頭的人造湖景盡收

眼底；渲染則象徵將所有空間連接起來，勾勒出以「亞洲藝術文化」作為博物館定位的宏壯願景。

館內三個樓層皆有展廳，目前七個常設展內容涉及器物、書畫文獻、佛教、織品、茶文化等文物展；另外的特別展覽會依據企劃進行檔期變動，藉此串連典藏文物與現代文化觀點的完整論述。鎮館之寶《龍藏經》全套108函，總共收錄1057部經典，是康熙皇帝奉祖母孝莊太皇太后之命，下令喇嘛完成的佛教經典，因以泥金用藏文書寫在特製的磁青紙上，動用萬兩金箔與各式珍稀珠寶，是擁有百億價值的藏傳佛教法典。

三樓圖書館是故宮南院韜光養晦的智庫，仿張大千《廬山圖》的巨型壁畫是空間營造的亮點。裡頭典藏上萬冊與常設展主題相輔相成的藏書資源，並廣蒐博物館學與美術期刊，另有得戴手套才能翻閱罕見書籍的珍本參考室；若對藝術文史研究有需求者，這裡絕對足以讓你沉溺很久。

戶外的公共藝術也很有看頭，號召來自臺灣、伊朗、越南、日本、美國和澳洲的藝術家進行地景藝術創作，將他們對東方文化體系的想像和嘉義自然風土的奧妙融入作品，走著晃著就能遇見草間彌生的《南瓜精靈》、王文志揉入阿里山茶文化意涵的《戲份茶》和原民藝術家伊祐·噶照創作的《風涼畫》等十多件展品，俯拾即是的藝文氣息，創造出南臺灣博物館特有的無拘自在。

📍 嘉義市西區中央第一商場 66 號 1 樓

🕐 13:00–18:00，週一、週二公休

環時好室

Chiayi in House

只要從嘉義市中山路的七彩冰果室與噴水雞肉飯之間的小巷走進去，門牌隨即換為中央第一商場，裡頭有座彩色的小圓環，有些嘉義人將這裡形容為「八卦陣」，最大的建築特色是走進去後，很難再從原路走出來，據說這般街中街的安排，是為了幫助附近的住戶能快速傳遞消息和守望相助的結果。

中央第一商場的樓面像筆一樣細長地佇立，匯聚不少與服飾或美容美髮相關的批發產業，但總是鐵門拉下，只能從褪色的招牌窺探過往的繁華，平時除了熊貓外送員匯聚在圓環旁聊天喘口氣外，大多時刻都很安靜。

環時好室的出現，為中央第一商場起了漣漪。一身鮮橘嶄新的外衣，搭配暖色系的馬賽克拼磚，為素樸的街角增添張力。環時好室的所在處是一棟擁有 40 多年歲月的老房子，前身是美髮院，閒置過後被專門經營臺灣永續旅行的「島內散步」拾起，邀請嘉義在地的小福砌空間設計操刀，打造品牌在雲嘉南地區的實驗基地。

環時好室對各路品牌展開雙手，提供空間租借服務，不定期舉辦手作體驗課程、地方講座和聚會。而我最喜歡環時好室的玻璃窗，長型的窗面延伸是內部人們與街頭連結的最佳助攻，如果幸運坐在窗邊座位，還可以透過方格子瀏覽陽光灑在屋簷的光影轉變；若坐在直視街頭的座位，又如同走入一場紀實電影，觀看經過的人們如何游移走位。裡裡外外都有事情正在發生，為曾經寂靜的一隅，再次注入喧鬧活力。

新嘉義座
Sinkagitso

📍 嘉義市西區中山路 616 號 K 棟 2 樓
🕐 最新展演訊息請以「新嘉義座」粉專公告為準。

此場館位在嘉義文化創意產業園區的 K 棟 2 樓，最初是嘉義酒廠的製麴工場。2018 年，長年在嘉義推廣現代戲劇的「阮劇團」，將空間活化爲多功能展演場域，擷取日治初期嘉義市內代表性劇院「嘉義座」之名，藉以承襲多元節目類型和公共性的開放精神，希望成爲當代的文化轉運站。

空間提供創作者發表作品、記者會租借或是工作坊舉辦，新嘉義座同時也是阮劇團戲劇教學的重要創作基地。每到年末阮劇團會在此舉辦由團員和儲備團員共同演出的歲末封箱公演，獻出舞蹈、歌唱、民俗技藝和戲劇的藝文大拼盤。

泰郁美學堂
TAI YU Arts & Humanities

📍 嘉義市東區大雅路二段 452 號
🕚 11:00–19:00，週一休館

座落在大雅路上的泰郁美學堂，是嘉義市區少見的清水模建築，由建築師許錦榮、毛森江建築工作室和藝術家顏頂生攜手創造的臺灣當代藝術展示空間。

淨雅沉靜的空間採取預約參觀，泰郁美學堂作為觀者、藏家和藝術家之間的媒介，主題展覽與典藏風格以臺灣抽象藝術為主，目前收藏的作品涵蓋了葉世強、林壽宇、熊秉明、蕭勤、黎志文和顏頂生等，以東方老莊哲學思考為創作基礎的藝術家。

偶爾也可以透過館方與其他單位合辦的藝術活動，像是：靜心香藝體驗、和菓子練切體驗與沉浸式花藝創作等，遠離現代生活的塵囂喧擾，獲得片刻的心靈清淨。

嘉藝點水道頭文創聚落
Puzi Cultural Park

水道頭是朴子的顯眼建築，亦是公共衛生邁向現代城市的重要象徵，近年它又多了一個新身分：嘉義縣第一個文創聚落點的醒目地標。

嘉藝點水道頭文創聚落位於的日式建築群，是日治時期提供給朴子尋常高等小學校（今東石國中）的教職員宿舍。經政府修繕後，透過輔導微型品牌並邀請新興團隊進駐經營，性質包含土地友善餐食、陶藝、布手作、花藝、精品咖啡和金工等。像是聚落裡的 Tinco 庭口金工是嘉義地區少數提供銀戒製作的商家，體驗者可以在此客製獨一無二的飾品，成爲人生重要時刻的祝福。

除了走訪固定的進駐團隊，此處還會不定期舉辦市集活動，期望爲靜寂已久的海線鄉鎮孕育更多有趣的事物。

嘉藝點水道頭文創聚落
📍 嘉義縣朴子市山通路 14 號
🕐 11:00–17:00，週一、週二公休

Tinco 庭口金工－銀戒體驗與喫茶
📍 嘉義縣朴子市山通路 8 號
🕐 11:30–18:30，週一、週二公休

嘉義縣表演藝術中心
Chiayi Performing Arts Center

📍 嘉義縣民雄鄉建國路二段 265 號
🕐 平日 08:00-17:00（有表演節目例外），戶外全天開放

這是地方少數結合表演與休閒的多功能藝文場域，閩南式的設計風格來自擅長揉合東西方元素的黃永洪建築師，在不失東方園林氛圍的前提，加入現代的舒適與機能。

園區包含可觀看戲劇、舞蹈與音樂類型展演的專業演藝廳，以及適合民眾參與主題影展的視聽教室。若沒有遇到節目檔期也沒關係，戶外設有古典戲台、類巴峇島式涼亭的環狀劇場和荷園，吸引親子家庭前來野餐放電，尤其每年夏季，更是欣賞荷花綻放的著名景點。

個人則推薦插秧時期的夜晚，可以一睹園區倒映在水田裡的風采。

台灣圖書室

Tâi-uân Tôo-su-sik

📍 嘉義市東區中山路 255 號

🕐 16:00–21:00，假日提前至 14:00
開放，週一、週二公休

這是個免費的閱讀空間，不定期提供文史導覽與主題講座。這裡僅有數十本義賣書刊補貼空間的水電雜費，大部分都是免費的內閱書籍，選書主題涉及本土文學、民主政治、人民權利、紀實傳記、勞工權益和新住民文化等，相較其他閱讀空間成為他人逃離現實的繭囊，台灣圖書室直接面對社會現場，坦蕩赤裸地呈現時代課題。

志工何信輝翻找出幾本蓋有「臺灣文史研究者張宏榮醫師藏書」印章的藏書，拋引出台灣圖書室的起始點。創辦人之一的張宏榮醫師在解嚴後大量購買與臺灣相關的書籍，1995 年他將 1500 多冊書籍捐獻出來，與幾位志同道合的朋友在協志牙科診所地下室成立台灣圖書室，開始舉辦文化論壇。但因張宏榮醫師調職與逝世，台灣圖書室一度停擺，直到遇見蘇櫂弘律師後代無償提供舊有的律師事務所空間，2011 年便以嘉義市中山路 255 號的現址重新作為營運據點。

今日走進這間 80 年的日式老房，可以看到牆上掛置張宏榮醫師的畫像，標示著：「少年人 ê 時代到了！」現代的年輕人終於不用仰賴課本少數篇幅拼湊臺灣的樣貌，任誰都可以自由地從書架上揀選書籍累積觀點。為了讓如此龐雜的意識議題不要這麼難

以親近，近年台圖理事張欽智結合自身的咖啡專長與產業資源，將台灣圖書室一角打造爲「台圖咖啡」，希望藉著咖啡香氣勾起路過群衆注意。

台灣圖書室也是每月一次小衆電影的售票地點，2022 年 10 月出現一個 Line 群組「All In 合作社」，由一群「毋甘願」的人組成。因嘉義時常因觀影人口稀少或片商沒信心等理由錯失藝術、紀實和實驗類型電影的放映機會，因此，地方小店與 in89 豪華影城共同執行電影包場活動，群組會公告當月放映片單、分享影評賞析及邀請主題相關講者進行映後座談，藉此讓嘉義民衆能擁有多元的文化刺激。

若還沒得到 All In 合作社的入群路徑，或許一張電影票也可以成爲踏進台灣圖書室理由。了解一間與衆不同的書店不需要低消，門口甚至大剌剌寫著：「兩間乾淨的廁所、免費飲水、免費 Wi-Fi 和寵物友善」。延續前輩使命前行的台灣圖書室，就這樣用無比親民的方式搭築民衆接觸臺灣事的橋梁，步步實踐最重要的小事大概就是如此。

渺渺書店
meowmeow books

　　渺渺位在嘉北國小旁邊，熙熙攘攘的學區路段正是主理人彥汝小時候放學的必經之路，他認為在如此熟悉的路徑上有間書店是件很幸福的事。自認個性不擅長交際的彥汝，因開書店找到了與外界互動的方式，他每天會在書店門口的黑板寫上一段句子，希望成為路人偶爾撞見的城市攪動。

　　這樣的互動設計延伸到書店內部，人們能在主題書櫃旁看到彥汝留下的小紙條，那些字句都是貼心的導引，就是因為如此小巧輕放的書店，主理人希望大家進門不要有進入獨立書店的壓力，因此他在選書

旁寫下幾句小字好讓人們有個方向摸索。簡短一句見解也會與附近選書連結而產生共鳴，間接勾起人們翻閱的興致。

　　書店總共有一樓和地下室兩層，空間特別規劃了「閱讀區」，若在店內消費一杯飲品或是買一本書，即可享有一席座位。地下室的角落放置一塊木板，上頭每幾個月主理人會丟出一個簡短問題與民眾對話，例如：一句對喜歡作家說的話、最完美的快樂、在意的朋友特質，如此簡單卻讓人猛然直視內心，吸引前來買書的民眾黏貼便條紙坦露想法，也可以選擇只看別人的心裡話。過往的互動紙條都被細心整理在一旁的筆記本，隨時接應我們掉入自我審視的漩渦。

　　渺渺書店或許是全嘉義香港主題選書最齊全的地方，我能在地下書找到粵語雜誌或是網路上已絕版的香港出版書籍，隱晦、含蓄而歡悅。主理人的推薦書單也算是渺渺服務的驚喜方案，若在架上找不到自己想要的特定書籍，彥汝會依循每個人的喜好蹤跡推薦類似主題的選書，讓人情不自禁多買幾本。

📍 嘉義市東區嘉北街 101 號
🕐 11:00–20:00，週四、週五公休

朴子好書室

Puzi Haoshushi

📍 嘉義縣朴子市開元路 496 號
🕐 15:00−21:00，週日公休

　　長期推廣在地文化的朴子好書室，由拾間文化社長蕭英偉發起，開元路上的據點則是透過德星紙器董事陳威達無償提供，這裡並非典型的獨立書店空間，更像承載各式議題孕育而生的場域，同步結合在宅醫療、長照據點、故事館和拾間文化等多元身分。

　　創立初期，的確是想為海線播下第一間獨立書店的種子，結果進書後適逢疫情，對外開放的計畫暫且停擺，僅偶爾進行紙藝教學課程或是小型講座。但也因此讓參與其中的人們開啟其他的輔助路徑，像是

專注於發展拾間文化的品牌，挖掘嘉義地區的優質農產，將實際走訪的產地美好透過線上分享與物流分享出去。

另一方面，經由負責在宅醫療的楊百文醫師詢問，這裡是否能提供部分空間，讓個案管理師作為處理文書資料的辦公座位，因而促成目前朴子好書室屬於長照 A 級單位（社區整合型服務中心），進駐的數位個案管理師總共協助了地方上百個家庭。每到晚上，這裡也成為醫生、護理師和照顧長輩的人們互助的交流場地，撐起朴子更全面的社區整體照護服務體系。

若有機會在朴子好書室上廁所，會發現連洗手間都是從友善高齡為出發點來設計。蕭英偉表示：「大家來到朴子好書室，都是希望活在這裡的人能有個產業依據面對過去和以後。過去朴子是長輩能好好

生活的地方，如今當這些中年返鄉的人們回來照顧年長者，希望有長照資源可以妥善協助他們，讓大家一起走下去。」

除了廁所外，桌子同樣別具含義。秉持 SDGs 循環再利用的想法，朴子好書室將閒置的匾額再利用。蕭英偉分享，地方的文化資產很重要，這些都是過去故事的例證。設計師林璞將匾額組裝成具有功能性的桌子，若未來這些匾額需回到哪些單位作為地方文史的呈現，到時候都可以恢復原狀，藉此保留給這個鄉鎮十年後、二十年後的想像。

發展至今的朴子好書室，早已跳脫最初實體書店的靜態設定，實踐的每一步路程都是無比動態的寫實人生。

秘書店
Meet store

📍 嘉義市東區中山路 201 號 3 樓
🕐 09:00–22:00

　　雖在旅遊書裡提到工作有些突兀，但我曾經遇過許多朋友詢問，來到嘉義突然得找個地方辦公，哪裡適合？隱身在老宅三樓的秘書店絕對是最佳解套。秘書店聽起來是賣書的店鋪，其實是計時閱讀空間，早上 9 點營業至晚間 10 點，幾乎全年無休，陪伴無數考生和異地工作者度過再尋常不過的日子。

　　現場提供無線網路及插座的設備需求，指定飲品可在使用期間內無限享用。若在早上時段前來，秘書店甚至有準備豐盛的早餐，讓每個人吃飽好應付當日的疑難雜症。因秘書店主理人 Miva 和憲哥長年積極參與嘉義的公共事務，這裡簡直是嘉義大小事的情報站，能在此輕易拈來地方議題的第一手資訊。

志美深夜圖書室
Zhimei Books

📍 嘉義市忠義街 93 號
🕐 週日 19:00–23:00（週六偶有驚喜加碼）

　　限定時間亮燈的志美圖書室是間非典型的書店。提供閱讀空間爲核心，不收入場費用，邀請需要書本撫慰的人推門進入。人們能自由取閱屋內書籍，癱進藤椅上的靠枕閱讀，或盤著腿席地而坐翻閱；甚至被允許攜帶糧食、飲品和書籍伴隨，享受最高規格的獨處時光。圖書室的書籍以短篇集選、文學小說、繪本、獨立出版和攝影集爲主，每一頁都有可能成爲誰的綠洲，看不完的內容可以透過小額借書費把故事暫時帶回家。一切輕輕柔柔，不需交談，在這裡我們都能開啟不被打擾的飛航模式。

📍 嘉義市西區北興街 86 號
🕐 營業日請參考每月島呼冊店粉專的最新公告（溫馨提醒：沒有冷氣，夏天怕熱請傍晚再去。）

島呼冊店

tó-hoo tsheh-tiàm

島呼冊店的店名包含所有服務事項，賣豆腐也賣書，是間溢滿豆香的書店。位在北興街頭的店面一身淡雅色系，下午時刻正好迎接陽光的溫柔力道，窗子的影子斜斜地印在被歲月烙印的屋身，光線輕輕撫摸落地窗邊的位置，等待人們入座點份豆腐，感受愜意。

書店結合豆腐專賣店，若能買本書坐下，用一杯豆漿陪伴也是午後的浪漫。原味豆漿使用了臺灣友善種植的非基改豆類直火熬煮，分別是「高雄選十號」帶有淡淡奶香的黃豆漿和「臺南三號」溫馴的黑豆香氣，全程純人工製作，不增加任何消泡劑和防腐劑。搭配洲南鹽場的鹽鹵豆花、選用當季水果特製的「島呼水果豆漿」，以及與臺灣友善種植茶莊出產茶品調配的豆奶茶，全是這間社區豆腐店向周圍居民掛保證的安心食品。

初次到訪時，對室內空間配置特別驚喜，像是一場與書本的捉迷藏，店內沒有直接指明主題的擺放區域，供大家自由穿梭其中。柳暗花明又一村，當以為書是否只有眼前所見時，原來後方還有數個小隔間等待邂逅。

店內選書聚焦在性別、土地和人民權利等公共性議題，這裡也不定期舉辦主題性的對談講座，藉此邀請更多人參與公眾事務。每一場多元寬厚的視角深入，都是人們向美好生活扎根的證明。

📍 嘉義市東區維新路 140 號

🕐 09:30-12:00、13:30-16:00，週一休館

嘉義舊監獄

Prison Museum

創建於 1919 年，同時也是受刑人參與營造的建物，日治時期被稱作「臺南刑務所嘉義支所」。由於使用年份漫長，設備老舊的舊監獄已無法負擔現代的關押需求，便在 1994 年將嘉義監獄搬遷至鹿草，原建物改設「臺灣嘉義監獄嘉義分監」，僅收留少數受刑人以維護環境。後因都更議題，加上長期背負三教九流的地方解讀，舊監獄本該是得從街區抹除的嫌惡設施，曾被劃定為拆除目標。

但民間文史團體認為，嘉義舊監獄是臺灣唯一保存完整的日治時期刑務所建築，在獄政歷史扮演關鍵角色，具有文化資產保存的重要性。因此在 2002 年舉辦為期兩個月的「舊監的春天」藝術季活動，展開一系列講座、音樂會和藝術行動等方式以呼籲訴

求，步步引發中央主管機關重視，最終在 2005 年指定為國定古蹟。數年的維修整理，2011 年正式以「獄政博物館」的姿態向一般民眾開放參觀。

嘉義舊監獄的門口方正，高牆上的鐵網防禦與可觀望四方的高位崗哨，一一彰顯矯正機關言行謹守的肅穆氛圍；唯一的浪漫大概就是兩側的婆娑椰影，幾抹南國綠意稍稍減輕了拘束的嚴酷氣息。作為過去禁錮受刑人的場所，嘉義舊監獄不像其他博物館添置大量軌道燈引導遊覽動線，多是沿用原先的採光方式，遊客能深刻感受舍房與戶外園區的明暗落差。

中央台是嘉義舊監獄極具特色的看點。為了以最低人力管控全監的秩序，舍房配置遵循賓夕法尼亞制度放射狀系統，三條路徑以扇形放射狀向

外延展配置監獄舍房,並在建築中軸線設立中央台,好將受刑人的動靜一覽無遺;上頭有監獄全區的指示燈號,若哪一區發生問題需要支援,會立即亮燈請求勤務調派。目前已經開放部分舍房區域,民眾可以進到牢房感受單獨監禁的壓迫,體會從縫隙滲進的自由天光。

舍房有座向上延伸的樓梯,可以通往俗稱貓道的「空中巡邏道」。貓道有助於舍房內的空氣流動,還具備鎮暴功能的灑水系統,若有任何受刑人情緒高漲,可以澆熄鼓譟。仁舍後端是獨立病舍,設有藥庫、診療室和觀察病房等醫療機具,從窗戶望出去還有一個隔離生病受刑人所使用的露天浴池。曾聽現場志工分享,隔離的露天浴池不僅是衛生考量,也擔心體力虛弱的受刑人會被欺負。

男監與女監分界管理,婦幼館提供女受刑人哺育三歲以下的子女,另設置有木馬與搖籃的育嬰室集中照顧管理孩童,方便女受刑人能安心進行監內作業。繞一圈出來的最後,會是以玻璃區隔裡外的接見室,受刑人每三日可收受一次家屬接見的會客菜,送入的菜餚也得符合透明包裝和切片呈現的審查規定。菜色忌諱同時提供香腸、雞、鴨,避免聽來是觸霉頭的「延長羈押」。販賣部銷售來自監獄受刑人的自營商品,在這裡可以買到嘉義舊監獄出產的蛋捲。

若時間允許,不妨再到外圍的舊監宿舍聚落走走。早期因多數居民外移變成社會治安死角,近年隨著多項活化計畫推動,聚集數個專業團隊進駐工作室,老中青混齡在此守望相助,讓一棟棟老房子恢復生氣。走在聚落小徑,靜看芒果樹與木屋老房相互襯托的緩慢安逸,每一步都是歲月裡的得來不易。

大林萬國戲院

Wanguo Theater

📍 嘉義縣大林鎮平和街 21-7 號
🕐 開放時間請參考「萬國劇院」粉專最新公告

嘉義大林因糖廠與軍營的龐大人流，創造出 1960 年代的娛樂重鎮，全盛時期總共有五間戲院。產業不敵歲月變遷，劇院紛紛在時代中落幕，僅 1968 年開業的大林萬國戲院近年被嘉義縣大林慢城發展協會重新整理，成為至今唯一運作的戲院，並在 2018 年公告為嘉義縣歷史建築。

大林萬國戲院的入口從大林郵局對面的小徑進入，環境被復古的電影海報包圍，旅客可以在裡頭近距離觀看古董放映機和留聲機，入席長椅凳體會 1990 年代前的觀影氛圍。這裡每個週末幾乎都有活動，透過講座、街區小旅行和驚喜電影放映活絡地方。

培桂堂
Peigui Hall

位在奉天宮後街的嘉義縣定古蹟培桂堂，是林開泰醫師的診療所兼住宅，在 2023 年初敞開大門，向大眾展示新港仕紳的家族故事。大宅的後人我們絕不陌生，林開泰的長孫正是雲門舞集創辦人林懷民，林家把橫跨晚清、日治、戰後至今百餘年的生活痕跡捐贈給縣府，交由新港文教基金會負責管理營運，將古厝重新轉譯為擁有展覽廳與咖啡店進駐的文化觀光遊覽景點。

1916 年，林開泰從臺灣總督府醫學校畢業後，先是返鄉在今新港分駐所對面開設診所並擔任新港公學校校醫多年，1933 年才率領家人搬遷至培桂堂現址的宅第。培桂堂建築風格融合閩式、西式和日式元素，園區內每個空間皆設置詳細的解說牌，旅客也可以在參觀前租借語音導覽機，總共有三種導覽版本：華語版（蔣勳）、臺語版（林強）和客語版（林生祥）。

面街的那一側房舍為診所，也是參觀動線的起始點。診間復刻過去診療室內外兩個原貌場域，因 1993 年的大興路道路拓寬，原先診所前的騎樓與部分診療室被拆除，今日參觀的診療所透過屏風切割動線，一邊是診療桌椅、藥櫃和小床；另一邊為候診長椅，牆上的照片正是年輕時期的林開泰醫師。此區擁有最受陽光恩寵的大面採光，若遇到烈日當頭，光線從門窗篩落進來，攀在家具上的閃爍光澤，將凝結成歲月靜好的瞬間。

草地的另一邊則是林宅主體，前廊為磨石子地板和一對洗石子廊柱，據說這裡是林懷民的第一個舞臺，從小在這跳舞、說故事和演戲給家族長輩

聽，展現源源不絕的表演慾。進入大廳的兩旁分別是榻榻米間和新娘房，榻榻米間存放林開泰的醫學藏書、其子林新澤醫師的筆記、世界文學全集等青少年讀物，以及一臺近百年歷史的風琴，琴棋書畫的文人雅緻全在這個房間一覽無遺。同時這裡也是家中的男子宿舍，過年過節時的兒孫全擠在這個大通鋪上。

林開泰醫師總共有 11 名子女，隔壁新娘房一字排開家族的結婚照，每張都會清楚註記照片中新郎新娘的姓名、職業、拍攝日期和地點。這房間有面牆展示了林開泰在原配妻子吳拖逝世後，再娶吳秀春之前所寫下的濃情蜜意，長達整整 13 頁的內容鉅細靡遺地交代與吳拖生養的三男兩女，及其各自的成長歷程與個性，以及與吳秀春再次共組家庭的期待。

越過後廊，會驚訝於如此大的家族，灶腳和食飯間卻是這般玲瓏。當年得分批用餐，搭五分車到嘉義上學的中學生先吃，再輪

到要去新港國小上課的小學生，最後才是待在自宅開業的林開泰與家人用餐，大家族總會自成一格，找到善用格局與時間的生存之道。

另外，還有醫師娘房間、讀書間和陳列室，展出的史料資訊繁多難以一一細數，曾經住在此地的人們仍帶著林維朝提點的「公爾忘私」精神在各地貢獻專業。林氏家族百年來的餘韻蕩漾終於在踏實的歲月中解除封印，前來新港，別忘了前來感受培桂堂純樸敦厚的時代之風。

📍 嘉義縣新港鄉大興路 19 號
🕐 週三至週日 09:30-17:00（16:30 停止入園）

蒜頭糖廠蔗埕文化園區

Suan-Tou Sugar Factory

　　位在六腳鄉的蒜頭糖廠，前身隸屬明治製糖株式會社所轄的蒜頭工場，在日治時期曾是產能名列前茅的製糖廠，一度被譽為「明治寶庫」；戰後，全區臺糖公司接收製糖業務。直到 2001 年納莉颱風嚴重損壞糖廠設備，隔年隨即停止產線轉型為蒜頭糖廠蔗埕文化園區，成為觀光客體驗五分車與糖廠吃冰的懷舊景點。

　　糖廠是過往經濟拉力的象徵，大量的就業機會吸引人口移入，因此蒜頭糖廠聚集了不同時代的聚落建築，多數觀光客會待在五分車站與

販賣部，但只要願意往工廠村和日式宿舍群探訪，便能進入充滿綠蔭的寂靜住宅區域，輕鬆重返舊日時光。

工廠村依然有臺糖老員工居住，不少牆面圖繪著製糖過程，清楚標明居民過往的奮鬥樣貌。毗鄰的屋舍各有各的妝點特色，有的是鮮紅色油漆的鐵門，粉飾歲月的紋路；有些住戶擁有綠手指魔法，隨季節綻放的花草植物恣意攀爬欄杆圍牆；也有門前散落四處的幼童玩具，強烈留下家族成員的痕跡，太陽把居民的生活氣息曬得暖烘烘的，左白犬右黑狗慵懶地鎮守地盤。

糖廠配天宮是聚落的信仰中心，據傳糖廠開工初期常有機器故障和工安意外，員工紛紛至朴子配天宮祈求平安，沒想到情況獲得好轉。為了感念庇佑，員工懇求廠方在宿舍旁建廟供奉，將朴子配天宮媽祖分靈至工廠村，成了日治時期唯一設立在糖廠內的媽祖廟，故也稱為「糖廠媽」。

日式宿舍群。　　　　　　　　　接待外賓的甘堂。

　　至於日人生活的遺跡則是在園區西側的日式木造宿舍群，這裡曾爲臺劇《一把青》的取景地點，目前已被登錄爲嘉義縣歷史建築，包含十棟日式木造宿舍和一棟提供外賓接待的甘堂。木造宿舍的外觀狀態不一，部分能清楚望見裡頭的格局與舊物陳設，也有斷壁殘垣的混亂荒涼，多段年華層層疊加成老房子的魅力個性。

　　園區中間的日式神社遺址是兩個時代的衝突展現，從「蒜頭社鳥居回復誌」發現：日治時期糖廠曾設置簡易神社供奉天照大御神，並在神位前方設置鳥居區隔人神，但在戰後的反日運動，鳥居被掩埋棄置。改立孫文銅像並增建防空洞。直到近代，園區人員巡視時才發現鳥居石柱的存在，透過文資鑑定使神社恢復舊有的可能樣貌。

　　蒜頭糖廠蔗埕文化園區不僅是觀光客的懷舊景點，更蘊含著深層的歷史和人文意義。只要我們願意走進園區深處，就能發現更多的故事和價值。

📍 嘉義縣六腳鄉工廠村 1 號

🕐 08:00−17:00

嘉義圓環

Chiayi Central Colorful Fountain Pool

中央七彩噴水池說來拗口，嘉義人總以「噴水圓環」或是「嘉義圓環」簡稱之，屬於嘉義市人從日治時期至今的集體記憶。這一帶發展可以追溯至清領時期，嘉義古城牆圍起的形狀似桃子，假使今日在街上看到以「桃城」命名商號的店鋪便是取自舊時含義；當時，因這裡位在西門城外的邊陲地帶，地方耆老也稱呼此地為「桃仔尾」。

城牆因 1906 年梅山地震倒坍，臺灣總督府趁機實施市區改正計畫，建設圓環作為市民休憩場地；從嘉義著名畫家陳澄波在 1933 年期間所完成的作品——《嘉義中央噴水池》，可以窺探昔日的閒適氛圍。

直到 1970 年，時任嘉義市長的許世賢進行中山路拓寬工程，將圓環改建為中央七彩噴水池，交通節點的意識隨著時代的雪球越滾越大，如今已是銜接中山路、文化路、光華路和公明路四條重要幹道的輪轉中心，兜轉在地人辦理公務與私人採購的生活日常，也是旅人造訪「文化路夜市」的重要地標，成為連鎖企業、金融機關和百貨商家爭相搏取眼球的喧譁路段。

近年來，嘉義圓環也像是地方政府最坦蕩直接的宣傳廣告版位，每當舉行重大活動，噴水池中央的圓柱便會暫時替換為廣告資訊，偶爾連上頭的紀念雕像也會換主題人物輪班呢！

　　至於一旁的第一銀行在2022年正式
登錄爲嘉市首棟銀行類歷史建築，因
見證從日本時期嘉義銀行、戰後台灣
商工銀行嘉義分行與近代台灣第一商
業銀行各時期金融體系的發展，加上
建築保留1958年原設計的洗石子外
貌、立面切割與大量鐵花窗元素，具
備重要的時代意義。

📍 中山路、文化路、光華路及公明路的交叉口

嘉義城隍廟
Chiayi Chenghuang Temple

　　城隍爺最初屬於守護城池的自然神，到了近代則被普遍視爲掌管人間善惡的神祇。因此，在臺灣民俗的戲劇中，我們常會看到人們若想證明自己的清白或彌補過錯、改過自新的時候，就會說要到城隍廟前誠心發誓，以示決心。

　　全臺各地都有可能遇到城隍廟。而嘉義城隍廟在嘉義地區享有聲望，古時稱爲諸羅城隍廟，300多年的歷史已升格爲國定古蹟，與嘉義雙忠廟、嘉義大天后宮並列爲「諸羅城三大古廟」。嘉義城隍廟由諸羅知縣周鍾瑄於1715年發起捐俸主導興建，屬於諸羅縣內第一座官設城隍廟。正殿有一尊頭戴官帽、身穿官服的木雕像便是周鍾瑄，他是清初時期諸羅發展的重要推手。

嘉義城隍廟的城隍爺被尊稱爲「綏靖侯」，正殿上方掛置一個巨大算盤，計算人世間的功過。早年行政區域依照都、府、州和縣來區分城隍職位，依序分別是王、公、侯、伯四種名稱，諸羅縣是小型的行政區，原是以「伯」稱呼城隍爺，但朝廷認爲城隍爺在戴潮春事件發生時，發揮了安定人心的凝聚力量，將祂從「顯佑伯」升格成爲州級「綏靖侯」。

如此崇高的象徵地位在歷史上也曾有「廟身不保」的驚險時刻，日治時期希望臺灣人改信神道教，臺灣總督府執行寺廟整理運動，清除傳統寺廟的指令成爲信仰劫難，所幸地方仕紳疾呼抗議，將當時道教神祇集中至嘉義城隍廟、佛教神祇歸祀嘉邑九華山地藏庵，儒教先賢則祀奉於鎮南聖神宮，各自守護地方的重要信仰。

百歲之姿加上要安置這麼多神尊，嘉義城隍廟在 1936 年進行了大規模改建，邀請木匠王錦木打造「泉州溪底派風格」的三川殿，才成爲今日的城隍廟風貌。門神爲台南彩繪匠師陳玉峰的作品，廟內集合大量經典彩蛋，處處皆是精彩的細節，像是拜殿的八卦藻井全是榫卯工法，沒有用到任何一個釘子，充分展現出木工匠師的技藝，其中甚

至有身穿燕尾服與抽雪茄的人物雕刻反應當時的仕紳文化。

水車堵的「交趾陶對場作」可以看到臺灣交趾陶的兩大流派,「對場」是指廟方邀請兩組不同風格的匠師,以廟宇的中軸線分界兩邊各展身手:龍邊的陳專友是水彩釉流派洪坤福的徒弟,色彩溫潤柔和;虎邊則是擅長模仿葉王風格的林添木,釉色亮麗且呈現透光感的寶石釉法。

虎爺公的後方是日治時期被稱為新高山的玉山彩瓷,對應的龍邊則是繪製象徵日本的富士山;另外還有正殿兩壁高掛的日式和歌匾額,這些都是為了保有地方信仰而在日本殖民下妥協的東洋色彩。

嘉義城隍廟－綏靖侯
📍 嘉義市東區吳鳳北路 168 號
🕐 08:30–12:00、14:00–20:30

劍虹菜刀五金行
📍 嘉義市東區光彩街 296 號
🕐 06:30–19:00

城隍聖誕期間的重大慶典

　　若建築還不過癮，可以選在農曆 8 月 1 日與 8 月 2 日，前來感受一年一度的廟宇盛事。每年鬼門關隔天，城隍得負責帶著隊伍出巡嘉義市，將逗留的好兄弟趕回陰間，也會在時常發生交通事故的地方進行「掃路角」儀式，淨化路口保行車平安。同時，城隍廟裡會舉辦祈福法會，信眾背著紙糊的夯枷反省過錯，再將寓意罪孽的紙枷燒除祈求平安。農曆 8 月 2 日則是嘉義城隍廟的城隍爺聖誕千秋，廟方會依循古禮舉辦祝壽大典，親身感受莊嚴隆重的信仰氛圍。

　　若想要帶份特別的紀念品回家，推薦廟旁開業於 1941 年的劍虹菜刀五金行，目前已是第三代經營，裡頭賣著各式刀具、鍋碗瓢盆和祭拜容器，自製的家用菜刀相當耐用，上頭還刻有店號、電話與「城隍廟邊」的帥氣字樣。

2023/01/26星期四 17:23:04

📍 嘉義縣民雄鄉中樂路 81 號

🕐 06:30-21:30

民雄大士爺廟

Minxiong Dashiye Temple

此廟為嘉義縣的縣定古蹟，也是全臺罕見以供奉大士爺為主神的廟宇。一般來說，大士爺沒有具體的神像膜拜，民雄大士爺廟僅在農曆 7 月會將一尊收藏在神龕的「木雕大士爺軟身神像」請出在正殿鎮殿；另外，還有每年農曆 7 月 21 日到 7 月 23 日，為期短短三天的「民雄大士爺廟文化祭」，可以看到大士爺紙糊神尊。若在其他時間前往民雄大士爺廟僅能看到觀音菩薩。

大士爺的典故來自鬼王與觀音菩薩爭鬥的故事。因觀音菩薩渡化了打輸的鬼王，鬼王便從身邊帶著小鬼為非作歹的形象，轉化成監督冥間秩序的象徵，所以人們時常在大士爺頭上看到一尊觀音坐鎮的模樣；也有一說稱大士爺是觀音大士的化身，在農曆 7 月降妖除怪。

傳聞乾隆年間，北港泉州人與打貓（民雄舊名）漳州人發生嚴重械鬥，為了超渡死傷的亡魂，開始有民雄大士爺的普渡活動。依據《民雄鄉志》記載，大士爺廟的創建可追溯至 1744 年，但今日民雄大士爺廟的廟體是在 1906 年之後才出現。在這之前的大士爺是由四個神明會分工，分別由頂街大士爺會、下街大士爺會、普渡小朋友亡靈的小普和下街蘭盆會負責。

規模 7.1 的梅山大地震毀損了多間民雄地區的寺廟，包含慶誠宮、開漳聖王和開台尊王等，災後重建礙於人手不足與物資短缺的限制下，無法一間間依序蓋回去，地方人士便合併剩餘建材，籌資集建在現址的大士爺廟，並把原先屬於不同廟宇的媽祖、開漳聖王、開臺尊王和觀音大士等神祇放在一起。

受到早年日本治臺的影響，希望民間信仰跟隨信奉佛教，造成當時無法以道教色彩的大士爺申請廟名，僅能以佛教意味濃厚的慈濟寺代替，直到1987年才獲得嘉義地方法院裁定，正名為「財團法人嘉義縣民雄鄉大士爺廟」。

民雄大士爺文化祭

民雄大士爺文化祭與基隆中元祭、恆春搶孤和頭城搶孤平列「臺灣四大中元祭典」，是嘉義縣年度的宗教盛事。先以創意踩街為祭典熱身起頭，

法師會在農曆7月21日的清晨，撕開大士爺紙糊神尊的紅紙點眼，為大士爺開光，並且依循古禮舉行大士爺聖誕千秋團拜儀式，宣告一年一度的祭典正式開始。

不同於其他地區是站姿的大士爺，民雄的大士爺是坐姿貌，並手持四角令旗。為了農曆23日舉辦的祈福普渡祭典，大士爺廟前會豎立招魂旗竹燈篙，代表向天上發送邀請函，招請孤魂享用普渡食品；廟旁也可以看到紙糊的三界亭、翰林院和男堂女室等紙

屋,象徵是提供給天、地、水三界天神、生前當官後來無人祭祀,以及無嗣孤魂野鬼暫留的投宿之處。

有朝天的邀請函,也有向地的通知方式。農曆 7 月 22 日民雄的文隆橋下會舉行放水燈儀式,法師誦經祈福後,將水燈厝和 108 朵蓮花放入水中,宛如發送水中邀請函,知會孤魂接受陽間祭祀。水燈漂走後,供桌上的食物全部投入水中,再點放鞭炮結束第二天儀式。

最後一天的普渡祭典,會恭請大士爺監督普渡,待到深夜吉時交由主祭者舉行起駕火化典禮後,紙糊大士爺便會乘坐竹轎子,在上萬名民眾的護駕與火把指引前往焚燒地點。沿途鞭炮不斷,大眾也會爭相撫碰紙糊大士爺以消災解厄,祈求所有的不幸跟隨火化升天,為每年的文化祭劃下完善的句點。

副瀨富安宮 · 日本王爺義愛公信仰

Dongshi Fulai Fu-an Temple

東石副瀨富安宮爲臺灣少數敬奉日本警察爲神祇的廟宇，也是從嘉義海線地區生長出的區域信仰，原型是日治初期被派來臺的日籍警察森川清治郎，後人尊稱「義愛公」，也稱「日本王爺」。

森川清治郎在 1900 年抵達東石鰲鼓派出所就任，當年臺灣的衛生觀念落後，森川清治郎爲村莊設立了學堂，傳授正確的衛生知識與教導識字，以積極改善地方生活，並深受副瀨居民信賴。

隔兩年，臺灣地方稅制加重，加上當時河水氾濫嚴重衝擊漁村，靠海吃飯的村民苦不堪言，森川清治郎將人民的困頓如實向上稟報，此舉卻被誤會助長人民抗稅，受委屈的森川夾在無法對轄區有所作爲的絕望與政治紛擾之中，選擇舉槍自盡。

20 多年後，時任副瀨的保正（一保的民政事務管理人）夢到森川清治郎提醒瘟疫的預防方法，村民依照指示落實對應政策，聚落因而倖免。爲了感念該名日籍警察依然心繫副瀨村的安危，村民委託工匠以森川清治郎落腮鬍和官帽的形象打造神像，供後代敬仰至今。

成爲地方守護神的義愛公，隨著副瀨村居民向外遷徙而分靈到臺灣各地，北至新莊北巡聖安宮，南至高雄德安宮都有祭祀，但仍以嘉義地區密度最集中。像是嘉義車站早年爲貨運集散地的經濟運輸路線，招引許多副瀨村村民遷移至竹文街一帶擔任搬運勞力爭取生計，形成嘉義後站的「小副瀨」聚落。如今這裡分別有富義宮、富安宮和富南宮三處義愛公的分靈，庇佑鄉里。

1	4
2	5
3	

4　富義宮內的日本王爺。

5　嘉義車站後站的東石人聚
　　落，小副瀨富義宮。

副瀨富安宮

📍 嘉義縣東石鄉副瀨村 57 號

嘉義小副瀨富義宮

📍 嘉義市西區竹文街 95 號

朝天宮溫陵媽廟

Chiayi Chaotian Temple

📍 嘉義市西區延平街 276 號

　　始建於 1760 年的嘉義市朝天宮主祀媽祖，因供奉的媽祖由泉州天后宮分靈而來，泉州舊稱溫陵，多數人以「溫陵媽廟」稱之。現在氣勢雄偉的廟體已是戰後重建，但過去曾是著名畫家陳澄波 1927 年作品《溫陵媽祖廟》的原型，畫裡呈現當年廟埕街坊鄰居聚在汲水器旁邊洗衣閒聊的情景。由

於陳澄波將大量嘉義地景融入畫作，也可以從他的作品出發，貫穿嘉義今昔，當一趟時空旅人。陳澄波故居距離溫陵媽廟僅 100 公尺，今日已由「咱臺灣人的冰」接手打理，賣著懷舊蕃薯糖和圓仔湯。

嘉義雙忠廟

Shuangzhong Temple

📍 嘉義市東區忠孝路 88 號

又稱爲「元帥廟」，主祀兩位平定唐朝安史之亂的張巡和許遠，相傳是嘉義市最早興建的廟宇，有「嘉義第一古廟」的美譽。門神彩繪是知名廟宇畫師潘麗水，殿前稀罕的磨石子龍柱則是出自羅睷與其帶領的匠師。

雙忠廟的可貴之處在於和嘉義東市場的連結，林添木所製龍堵爲「嘉義東市魚員商吳福」敬謝；虎堵則是陳專友作品由「嘉義東市魚丸商周九」敬獻，不知道是否因廟宇與市場魚商休戚與共的關係，龍柱下方才有魚兒悠遊的環繞圖騰呢？連龍柱上的八仙也有捕魚的動作呢！

水流媽廟

Shuei-Liou-Ma Temple

📍 嘉義縣民雄鄉嘉 105 鄉道

位於民雄排水旁的水流媽廟屬於孤魂信仰。日治時期的農民在水圳發現無名頭骨，協助安置在岸邊，後人興建廟宇以「水流媽」之名祭祀。

還不是水泥橋梁的年代，不小心從竹橋墜落的村民卻毫髮無傷，人們相信是圳溝旁的水流媽保佑。守護村莊平安，祂也為信眾帶來財運，在大家樂盛行年代時常開出明牌而廣為人知，據傳當時酬神答謝的歌仔戲與布袋戲隊伍長到村口牌樓。

至今，水流媽的案桌依然擺放置有香灰的碗盆與放大鏡；每逢彩券開獎前夕，聚集不少人前來廟裡尋找富貴的蛛絲馬跡。

嘉義文財殿　Chiayi Wencai Temple

嘉義文財殿是地方的人氣財神廟，曾與臺鹽海洋鹼性離子水聯名推出限量「發財水」。人們可以從廟身彩繪裝飾、香爐到石獅子腳踩的玩物發現元寶，廟中供奉文財神比干，也吸引了需要專業知識或大量文書處理的行業人士前來祈求事業順心，尤受公務員、金融業和文教人員歡迎。

文財神的傳令兵也是文財殿的特色之一，大殿神龕下是隻金光閃閃的「金聖孔雀」，信眾準備稻穗和五穀雜糧前來祭拜，以大錢換小錢求錢母發財金。庇護的對象不只是大人，廟方長年照顧貧童營養午餐以及補助世賢國小棒球隊服，讓無數學童受惠。

📍 嘉義市東區林森東路 470 巷 67 號
🕐 06:30–21:00

天長地久月下老人廟　Tencho Chikyuu

📍 嘉義縣番路鄉觸口村 1 號
🕐 09:00-17:00

　　此廟位於觸口，是通往阿里山的門戶。八掌溪多次泛濫成災，為了方便商賈來往山區與平地進行交易，1937 年架設兩座吊橋，分別是「天長橋」與「地久橋」。命名自日本天皇生日的天長節以及皇太妃生日的地久節，希望走過的情侶都能天長地久，天長地久月下老人廟便在這樣的地景意義下被供奉在此。

　　一旁主奉濟公禪師的龍隱寺香火興盛，是早年知名電視劇《濟公》的拍攝地點，四處可見葫蘆的福祿意象，兩間廟環繞兜售果乾、山產和解饞小食的攤販。

崎頂大福興宮
Ciding Da Fuxing Temple

📍 嘉義市盧義路 490 巷 50 附 1 號

🕐 06:30-19:00（溫馨提醒：贈禮品項請依照
　　每年廟方最新公布的活動資訊為準。）

　　嘉邑崎頂大福興宮主祀福德正神，爲了感謝山神保佑農產豐收而興建，過去曾是清領時期梅山和竹崎一帶的居民往返諸羅城的必經道路，古道已不復見。大福興宮另增建「台灣月老祖廟」敬奉月老，爲信衆千里姻緣一線牽，曾作爲以地方鄉野故事爲劇本的《戲說台灣》拍攝場地。

　　近年每逢正月初五，廟方會舉辦眞愛聯誼活動，邀請年滿 20 歲至 45 歲且擁有正當職業的未婚男女報名，年年吸引上百人報名。每屆活動會依照該年的生肖製作福帽，提供報名者於拋繡球的環節辨識彼此的單身身分；主辦單位還會出動兩層樓的高空機，讓女性報名者可以在高空機的推送下，進入人群投擲繡球。臺上同步進行「月老來電」，增加民衆互相認識的機會。

　　另外，也有擲筊活動，配偶欄空白的男女在過年期間，可以參與比拼連續聖筊的數字，入圍者將由月老祖廟贈送純金的月老姻緣針祝賀。

配天宮

Pei Ten Temple

📍 嘉義縣朴子市開元路 118 號

🕐 05:00-22:30

配天宮媽祖是著名的「不動媽祖」，據傳當時從湄洲迎媽祖金身回臺時，中途停在朴子溪的樸仔樹下休憩，要繼續前行時金身卻難以挪動，經信徒請示表態要駐鎮於此，於是在樸仔樹下籌資蓋廟為樸樹宮，信衆尊稱為「樸仔媽」。乾隆年間廟方受令改名為配天宮，今日已是300多年的縣定古蹟。

樸仔媽是臺灣少數擔任求子主神的廟宇，以「求子燈花」的特色民俗聞名，廟前種有紅、白兩色的牡丹樹，求子的民衆得虔誠稟告來歷與顏色，紅花求鳳女、白花祈麟兒，需要連續擲得三個聖筊，才可以摘得花朵回家放在夫妻的床頭。每年大年初三有寶貝回娘家的活動，求花來的孩子都會回到配天宮，進行祈福。

聲名顯赫的還有粉紅聖袍加持在身的月老星君，除了農曆7月暫停牽紅線服務外，其他日子都是求個有緣人的良辰吉時。

Recommand Route
1
推 薦 路 線

新港地區周邊

臺灣的宗教環境自由包容，許多傳統聚落都是包覆著地方信仰向外輻射發展，廟宇數量之多，簡直是三步一小廟、五步一大廟的交融程度。廟宇因源源不絕的香火傳承，擁有各式各樣的精美裝飾 —— 包括屋簷上的剪黏藝術、威儀非凡的交趾陶偶和畫工精湛的彩繪圖騰等，成爲庶民生活裡獨到的工藝面貌。

嘉義新港正是交趾陶和剪黏的原鄉，可追溯至 1906 年梅山大地震毀損產生大量修繕和重建的需求，閩粵陶匠紛紛來臺，成爲產業蓬勃發展的關鍵。

早期交趾陶流派區分兩派：一派是以嘉義打貓葉王爲首的廣東派「寶石釉系」，色彩穩定亮麗；另外一派則是清末隨著師傅柯訓來臺參與新港奉天宮地震重建工程的洪坤福，屬於釉色淳樸溫潤的「水彩釉系」。兩派經由師徒制的技藝傳承，讓新港成爲交趾陶藝師搖籃，成爲全臺廟宇裝置元件的輸出重鎮。

10:30
板陶窯交趾剪黏工藝園區
↓
12:30
享用午餐
↓
14:30
新港奉天宮
↓
16:00
新港香藝文化園區
↓
18:00
新港老街

📍 嘉義縣新港鄉板頭村 45-1 號
🕐 09:00−17:30

板陶窯交趾剪黏工藝園區
Craft Studio of Jiao-Zhi Pottery & Chien-Nien

　　造訪板陶窯交趾剪黏工藝園區可以親眼目睹藝師製作交趾陶偶的過程，捏、堆、塑、貼、刻和劃六大技巧交互運用塑形；另外還有剪黏藝術的體驗，將薄瓷碗用刀剪切割爲瑣碎的碗片，再慢慢於胚體拼貼成廟宇中立體的龍鳳瑞獸。爲了讓傳統工藝走進社區日常，板陶窯同時積極推廣馬賽克磚，結合成大型公共藝術展示，吸引觀光人潮。

新港奉天宮 Singang Feng Tian Temple

📍 嘉義縣新港鄉新民路 53 號
🕐 05:00–23:00

新港奉天宮絕對是聚集匠師巧思之大作，木作、石雕、交趾陶和剪黏多種工藝元素體現宗教文化的真誠，尤其殿內並存從洪坤福、傳承弟子石連池，再傳弟子林再興至板陶窯交趾剪黏工藝園區創辦人陳忠正等七代師徒的交趾陶作品，相當難能可貴。在此插播奉天宮的金虎爺，廟方稱這裡的虎爺因救過皇帝有功得到敕封，具備頭戴金花且威風凜凜地坐在案桌上的特徵，是全臺少見的虎爺形象。

新港香藝文化園區
Singang Incense Artistic
Culture Garden

📍 嘉義縣新港鄉 23-6 號
🕐 08:00-18:00

　　新港這座以信仰聞名的小鎮，另有詳細介紹新港製香發展史的新港香藝文化園區，近年以仿造太極波波草的香腳與環香造景成為新興的拍照景點，現場也能目睹完整的製香流程。

新港老街
Singang Old Street

　　最後可至新港老街買份新港飴當伴手禮，新港飴是麥芽糖、砂糖、麵粉與花生仁製成的零食，是前來參與進香的香客人手一包的古早味。這條環環庇佑的百年工藝路線，令人一路心安。

📍 嘉義縣新港鄉宮後街 18 號
🕐 全天

Chapter

2

選物與
生活美學

Selections and Aesthetics

囤在一起的陳舊老物低調內斂，待眼光精準的藏家收購。

乍看不合時宜的圖騰花紋，

放在老屋裡便成為一首雋永的歲月詩篇。

將景點加入地圖

↓

📍 嘉義市西區北榮街 191 號

🕐 13:00－20:00，週二、週三公休

小獵犬商號
Hunter Goods & co.

座落於北榮街上的小獵犬商號是名捕捉生活態度的獵手，店主蕭蕭和 Louis 是對喜愛老軍包和老物件的夫妻，多年走跳各國舊貨市集的經驗，培養出了精挑細揀的敏銳眼光。

他們熱衷端詳物品細節以考究歷史與時代經典元素，進而蒐集那些利用講究材質致敬 Old School 的復刻品。同時醉心於與客人分享見解，例如復古報童包上的五金釦具，在時光的淬鍊下產生了舊化色澤；或羅馬尼亞在二次世界大戰期間的陸軍公發包款，如何運用皮革釦帶在不同的場合裡配戴使用。

小獵犬商號沉著穩重的魅力吸引了其他廠商前來毛遂自薦，也讓他們驚覺原來臺灣有許多潛力新星等待被挖掘。相似品味的價值觀漸漸匯聚其中，不論材質，任憑新舊，從手工飾品、花器盛具、工藝鉗組、香氛皮件、衣著包款、家飾織品到安全帽全是涉獵範圍，賞心悅目的物件蔓延兩個樓層。

Gorilla 紳士質人手工具也是店內的主打商品，源自蕭蕭個人經驗的推崇。店面前身是雙榮繡學號，老房子年華越增長越有個性，面對承載著數十年莘莘學子繡學號記憶的老牌裁縫店，店主在承接空間的創業初期，需要重新打理以喚醒屋顏活力。經歷修補坑洞、油漆和處理殘膠的繁複過程，蕭蕭發現 Gorilla 省力棘輪起子對女性使用很友善，便開始投身推廣這個臺灣本土設計製作的品牌。

不同於主流視野，小獵犬商號沉溺於自身的美學想望，看似微小實則是品牌最重要的根基，讓小眾市場也能昂然挺立。

洽順選庄 舊時好物

📍 嘉義縣水上鄉中山路三段 581 號
🕐 15:30–19:30，週二公休

　　若在洽順選庄的門口停下，絕大部分是衝著名氣特地前來，畢竟地理位置並不起眼，正好位於嘉義縣市的交界處，博愛路往水上方向的四線道公路，人行道樹阻擋了外側兩邊的建築。不像家具行有絢爛張揚的招牌，這裡僅靠數十盆綠意與形態各異的木箱辨識，相信擅長與老物相處的人會有共通的雷達，能理直氣壯地走進鐵皮屋內的寶山，從中挖尋迷失在年光裡的古物。

　　鐵皮屋裡是一部物的臺灣史，多是臺灣早年生活的古董老件。例如：中藥櫃抽屜、不同尺寸的木頭椅凳、裝製仙草的馬口鐵桶、老醫館拆

卸下來的匾額、花器碗盤、裁縫用具和時鐘掛畫，多少舊時風光的瓜葛糾結停駐在物品之中。

　　囤在一起的陳舊老物低調內斂，待眼光精準的藏家收購，把藏在塵埃背後的優美放進下一個合適氛圍。像是光華路上將 60 年老醫館修復再造的桃城豆花，店內承裝豆漿的玻璃杯便來自於此。乍看不合時宜的圖騰花紋，放在老屋裡便成為一首雋永的歲月詩篇，把早年的直爽豪氣全飲了進去。

　　棲身在治順選庄舊時好物，多的是腦補的情節故事。若是企業贈送的禮品，大都會在上頭標明賀詞、贈送單位、贈與人姓名或日期，對我來說每一樣物品都可以像論文般小題大作，喜歡將這些陌生商號輸入網路搜尋欄，查查物件裡的故事是否成為經典，還是早已消逝在時光洪流？聯想贈與人與收禮者之間的合作關係、物品與當時的產業發展又有哪些交互影響的蛛絲馬跡？掉入懷舊漩渦的抽離之感，那都是我們沒能碰上的往昔，一場迢遙的夢。

JxAcces｜日系雜貨

如同一道英文習題，首次看到店名「JxAcces」時，舌頭宛如滑不過音軌的卡式錄音帶，得臆測字母間的斷點，揣度命名含義。在 Instagram 經營「嘉義地方歐巴」的店主笑稱：「大部分的人都以中山路上的那間選物店稱呼，不會念沒關係，當作是這間店留給客人的趣味。」

JxAcces 最初由三位好朋友共同經營，當年在嘉樂福夜市擺攤販售珠寶飾品，以各自名字都有「J」的發音作爲店名開頭，「X」代表著「and」帶出最後「accessory」的英文縮寫。在人來人往的夜市做生

意，雖然天天爲他們聚集人群，但曾遭竊的陰影讓他們決心擁有獨立店面，尋得現址並經營至今。

　幾年光景過去，另外兩人轉換職涯跑道，歐巴繼續守著立足之地，逐次衡量市場喜好與鍾情類別，日式雜貨成爲今日販售的品項大宗。走進店裡，置身於密密匝匝的療癒小物中，抬頭一看是蠟筆小新的盲盒公仔、前方有麵包超人的短小童玩，另一側爲湯姆貓與傑利鼠的周邊商品，每個轉身都猝不及防地掉進懷舊的動漫漩渦。若要找日本出品的扭蛋玩物、陶瓷商品、皮件鑰匙圈或是趣味棉襪皆舉目可見，每週不定時的新品上市，都是客人眼裡涓滴成河的細小幸福。

　對歐巴而言，友善對待客人是首要的經營方針，相互寒暄外也提供貼心的服務。若遇到送禮瓶頸，可以提前到店內告知預算、收禮人年齡以及個性，歐巴會協助挑選禮品，收禮跟送禮兩方都是拆開後才得知裡頭的心意，可謂是嘉義的驚喜製造店。

📍 嘉義市東區中山路 130 號
🕑 14:30-21:00，週一公休

拾筆
Shiiiiibi

　　拾筆是間隱身在垂楊路小巷裡的文房具，主理人「艦長」偶然接觸鋼筆工作室，發現自己對鋼筆興致勃勃，便自願成爲地方的協力夥伴，成爲推廣書寫溫度的一員。

　　鋼筆寫字是一件浪漫又講究的事，常用的筆幅大多會標示筆尖，從細到粗有 EF (Extra Fine)、F (Fine)、M (Medium) 和 B (Board)，現場提供試寫。但站在多種價位選擇面前，該如何入手？艦長提供鋼筆的入門守則：「建議優先挑選三角握位的鋼筆，順著握上就是適合寫字的姿態，以熟悉鋼筆的書寫角度。每一支鋼筆操作其實大同小異，從

外型、筆尖材質到粗細寫感都反映個人喜好,用得習慣的鋼筆比廠牌
還重要。」

　　手帳也是拾筆的明星商品。店內積極開發貼紙、紙膠帶到印章,讓
每一個被記錄下來的生活都被妝點得婀娜多姿。

　　層櫃間的驚喜彩蛋,還有艦長將自創的無厘頭標語再製成商品,可
能是刺繡提袋、書衣明信片或是橡皮章。大多是短短幾個字,比方說,
大人大種、想空想隙、轉去寫字或卸世卸眾等,乍看不知所云,跟著
念卻得到一番風趣。曾有個客人拿著「lǒng li e°mou」的印章問艦長說:
「這句法文是什麼意思?」艦長直盯對方:「攏你的毛。」原來是以
臺語轉化爲羅馬拼音的一句話,鬧得雙方哭笑不得。

　　眾多詼諧金句裡,我最喜歡艦長寫下的「想不出裝什麼的話,可以
裝可愛」,如同拾筆的存在就是希望每個人能在紙張載體上任意賦形,
用各種宣言展示生活的萬千風景,過得可可愛愛。

　　📍 嘉義市東區垂楊路 156 號
　　🕐 13:00–20:00,週日提前至 18:00 打烊,週一、週二公休

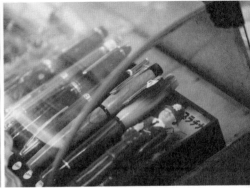

拾間文化

Ms-harvest

　　隱身在嘉義公園附近巷弄的「拾間」，複合式經營農產選物和餐點供應。建築原是嘉義大學已故教授王連生的故居，其女婿正是協力農民行銷農產的拾間文化創辦人之一。拾間文化在疫情期間，專注於網路行銷與農產實地走訪的報導編寫，爲了讓更多群衆親近地方農產，期望透過從產地到餐桌的餐飲服務，詮釋土地滋味。

　　走進小徑，迎面而來滿溢綠意的庭院。「冷凍海鹽毛豆」是拾間的王牌商品，嚴選朴子無毒毛豆，和布袋洲南鹽場的日曬海鹽進行調味，但拾間團隊耳聞許多孩子從來沒有看過毛豆生長的過程之後，便親身示範食農教育，在庭院種起毛豆供附近學童觀察；另外還有長秈米、樹葡萄與山蘇等供民衆端詳。

　　推開門會先進到農產市集的販售空間，人們遊走於琳瑯滿目的鄉土

風味之間，空間集結了產地直送的新鮮蔬果（還可加價剖切服務！）、朴子農民生產的拾間長秈米、六腳 80 年老店順發製油的特級油品、民雄星農場的果乾零食和文藝手工陶皿等質感齊綻的精粹選物，睜大眼睛尋找心頭寶物，久久不肯善罷甘休，看得陶醉、逛得癡迷，不僅滿足講究的生活想像，外縣市的旅客也可以在此「一站式」購足嘉義風味。

　　揀個靠窗的座位連結戶外景色，舊樓窄巷內如此悠緩寧靜，置身拾間彷彿能領略到一年四季，冰萃番茄梅是太保玉女小番茄與話梅的浪漫華爾滋，橘粉色的冰沙口感吻合柔和的春日暖陽；布袋桑椹與六腳有機檸檬的氣泡飲，又別有一番俐落清爽。由高纖維低澱粉長秈米製成的日式味噌烤飯糰，一顆顆圓滾滾的淘氣模樣，這樣的舒適氛圍終究要成為日子的廝混之地。

　　不妨再嗑盤蒜辣炒毛豆逗弄時間吧！好個香辣順口，兀自演繹午後的清閒逸趣。

📍 嘉義市東區啟明路 312 巷 3 號
🕐 11:00-19:00，公休日請參考粉專每月的最新公布

七星藥局

Tshit Tshenn 1960

1960 年創立的七星藥局是民雄傳承三代的社區藥局，由第一代吳進白手起家。吳進最初在臺北松山饒河街的七星醫院擔任醫師助理，跟隨張媽興醫師學習。回到故鄉民雄後，先與洪清興先生合夥經營義華西藥房，後再獨立租賃店面開設大榮西藥房，點滴積累終於在中樂路頭購地自建，為了感念藥師生涯的起始點，便以七星為名，開立「七星西藥房」（七星藥局前身）。

歷經第二代吳嘉文藥師的傳承，第三代吳至鎧在 2019 年返家，與藥師父母共同扛起家族招牌。為了讓社區藥局更有識別度，家人間討論出新時代的七星藥局版本，將吳嘉文藥師珍藏的日治時代老藥櫃、廣告鐵牌和藥商公仔等老件藏品置入於藥局空間，並以販售日本藥為業務主

七星藥局在 2020 年完成空間改造。

藥袋再現第一代吳進時期的紙質包裝。

力，不僅致敬阿公創業的起點，還將七星藥局的特色濃縮得更加鮮明。藥袋的細節同樣貫徹到底，復刻第一代吳進時期的紙質包裝，以大膽新舊穿插的巧思，破除傳統藥局的框架印象。

雖然彼此總在櫃檯後方忙碌不休，卻沒有磨滅七星一家對地方關懷的滿腔熱血，吳至鎧藥師從小騎著腳踏車跟著吳嘉文遊庄，認識周圍聚落的老建築，聽爸爸

講述過往故事。廣為人知的美談還有吳嘉文藥師的繪畫興趣，他將兒時的民雄街道圖、職業別明細圖和街景生活透過創作再現，為許多年輕人奠定認識民雄發展的根基。吳至鎧藥師依循爸爸的畫作四處比對，連結不同時代的街坊故事，業餘時間承接導覽活動，積極將故事擴散出去。

早年街道圖可以窺探出過往蓬勃，戲院、酒家、銀行和餐館應有盡有。七星藥局隔壁的一樂酒家，是興建於 1937 年的兩層樓建築，中間經營權幾度易手，七星藥局為了保留鄉內唯一未被歲月拆除的酒家建築，在 2014 年

一樂酒家的修復工程。

出資購入,並申請文化部私有老建築保存的再生計畫,進行修復工程還原酒家樣貌,成為公共性開放的文化空間。

家族長年鑽研民雄地區的優勢,七星藥局近年也參與了中正大學傳播系管中祥教授大力推廣的民雄學,協助學生蒐羅地方耆老的口述歷史,由下而上記錄不同角度的地方觀。2022 年,他們召集眾人共同組織「打貓街坊文化協會」,系統性建構民雄知識體系,時常舉辦街區遊覽活動,帶領遊客深度認識民雄。另一方面,打貓街坊文化協會更擔任串聯商家與民雄地景的角色,街邊小店開始張貼導覽地圖,共同勾勒有意思的地方風景。

七星藥局在時代的嬗遞下背負著雙重角色的任務:超過 60 年歷史的專業形象,深深擄獲鄰里的認同與信任,附近居民稍有身體的疑難雜症便會前來詢問拿藥;吳至鎧藥師也會針對服用者的年齡與症狀,推薦符合需求的家庭常備藥。運用業餘時間開創新局的七星藥局,則是輔佐將緘默已久的庶民回憶轉換成最珍貴的文化風貌。

七星藥局

📍 嘉義縣民雄鄉中樂路 16 號

🕐 08:00–22:30

一樂酒家

📍 嘉義縣民雄鄉中樂路 14 號

🕐 最新資訊請參考「一樂酒家修復工程」粉絲專頁公告

新華美西裝社　H.H.M Studio

新華美西裝社曾是嘉義的三大西裝社之一，鼎盛時期擔負著十幾位打版師傅的家計，「噠噠噠」的縫紉機聲連綿不斷，車縫出時代的英挺與俊美。

所謂佛要金裝，人要衣裝，老屋則是仰賴「卸妝」。這棟以紅檜與黃檜混材的雙層建築，隨著時代更迭，後代遷出，鐵皮東補一塊、西貼一角，粗獷地遮掩空蕩蕩的淒寒，在成仁街與蘭井街的轉角沉寂近 30 年的光陰。直到 2022 年經屋主的晚輩託付，承租人薛宇鈞轉譯空間美學並重新打理，如今成爲了一間街角的喫茶店，提供日式糰子與茶飲，招攬來客赴約聚友，漫談家常。

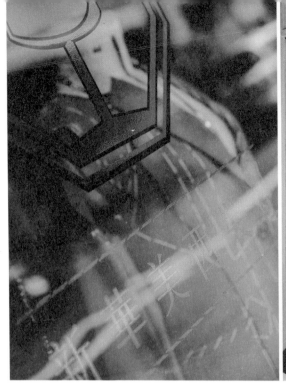

　　過往的新華美西裝社，一樓是營
業場所，二樓爲店主的居家空間，
早年生活的痕跡封藏原地。薛宇鈞
遵從對於建築的素顏原則，撤除外
皮層層包覆，重新接納採光的坦誠
相待；接著保留以「金輪繼榫接技
法」支撐的舊有屋梁，將長年塵
埃擦拭乾淨後也刻意不塗刷新的油
漆，任憑長年形塑的軌跡吸附在土
牆上，老成卻魅力深刻。

　　沿襲場域精神，當今的新華美西
裝社置入多種身分彩蛋。一樓保存

原有的展示櫥窗，掛置從留下來的
櫥櫃裡翻找而出的深淺布料，排列
軸線垂吊而下，短小的布標上標註
著製造商、產地或織品成分，如同
歲月的懷舊採樣。

　　牆角的全身鏡來自同產業的惺惺
相惜，爲早年位在中央噴水池旁的
維新呢絨行所贈賀，牆面貼著數張
復古泛黃的老照片，行經的人如同
考古探險者般，緊盯著畫面裡的單
色街景，在腦中搜尋是否匹配到的
地景線索；一旁有幾張文雅翩翩的

人物照，原來是昭和時期的日本明星，昔時的打版師傅會參考影視人員的服裝，從中審視是否有下一件西裝的靈感線頭。

抬頭一看，吧檯的座位上方掛著歷年的西裝工資價目表：西裝、西褲、大衣、背心和青年裝大衣，我想像空間裡映照著小津安二郎的電影氛圍，蒼白灰系的剪裁裡頭又是拘謹對齊的排扣，若要說與當代一拍即合之處，大概就是價目表逐次上漲的金額都是物價攀升的憑據。

木梯往二樓延伸，便是當時店主一家人的生活空間。據薛宇鈞分享，第一代屋主共有十個小孩，目前二樓能眺望十字路口的窗邊座位，保存了大姐與二姐讀書的書桌；其他的孩子當年則是每人蹲踞一格階梯，利用高低差成為寫作業的一席之地。

二樓最大張的桌面是當年營業用的打版桌，往裡頭走是需要脫鞋的榻榻米座位區，同時也是全家人的舊時臥鋪，樓上十多個家庭人口、樓下十多個製衣師傅，訝異於每個人的身子竟能夠如此輕巧地塞進各個角落，各守其位，妥妥貼貼。

至於重啟營業空間的新華美西裝社，在薛宇鈞的操刀下，從製衣店轉為體驗空間，店內熱銷品項為日式糰子與茶飲，偶爾來些季節限定的創意甜點；但最吸引來客的依然是過往氛圍的沉浸式體驗。比方說，拿著線剪刀剪斷車線才能取得店內的名片，上頭的地圖資訊以車縫線串起周圍路徑，地標中央噴水池還是顆鈕扣圖騰；或拿著西裝圖紋的透明片，想像自己是名揣測成衣模樣的打版師傅，四處穿透建築的質地，踏尋眼前的萬千風華。

嘉義市東區成仁街 80 號

11:00-18:00，不定期公休

臺灣花磚博物館
Museum of Old Taiwan Tiles

　　位居在林森西路上的兩層樓巴洛克式洋樓，此建築物最初是木材生意繁榮的「德豐材木商行」，屬於日治時期唯一擁有製材廠的臺籍商人蘇友讓所有。經過館長徐嘉彬委託傳統匠師修建搶救老宅，今日才得以讓大眾重新感受歲月的魅力。

　　進門脫鞋後，迎面而來的是千年檜木鋪設而成的地板，踩在上頭身心特別溫馴沉靜。左右兩邊的牆面是搶救回來的數百片花磚，花磚博物館依序將臺灣瓜果、祥獸、花鳥、魚、花卉和幾何排列等圖騰編號分類，豐富多樣的花磚各有獨特的吉祥含義。

　　人們可以透過展間輔助說明，判斷花磚來歷與明白隱藏的祝福，踏尋自己喜愛的花磚是屬於哪一種派別。例如：蘋果代表平安、菊花用來祈福長壽、仿造葛飾北齋畫風的唐獅子是鎮邪的祥獸，而我最喜歡賦予福氣象徵的紅龜粿花磚。

　　徐館長分享，臺灣花磚主要集中在 1915 年至 1935 年之間，將花磚結合在紅磚建築是臺灣獨具風格的文化。瑰麗豪奢的花磚正好是當年富貴人家彰顯財力的象徵，因此，地方權貴在興建住宅時都會請匠師將花磚鑲嵌在屋脊或正身立面，像是臺灣三大家族中的霧峰林家和臺中吳家都有大量的花磚裝飾。

　　博物館一樓的百年廁所也很有看頭！牆面是從臺中公園的更樓＊發現的百合花磚，青花瓷小便斗則是來自日本愛知縣的瀨戶窯燒，即便已是百歲古董依然富麗。廁所後方還有一區容易被錯過的反射鏡，在那裡拍照會有夢遊仙境的華麗效果。

　　走上二樓，可以看見過往的匠師如何把花磚完善應用在生活家具上，像是餐椅、梳妝檯或是古早的紅眠床組。若每一塊花磚都是一句真誠祝福，那走進小而精巧的臺灣花磚博物館，誰都能感受到一屋子的豐足重量。

＊又稱「鼓樓」，古時用來看守瞭望與鼓報時間的功能。臺中公園的更樓為紅磚建造的二層樓建築，
　建築立面貼有多款花磚裝飾。

📍 嘉義市西區林森西路 282 號

🕐 10:00−17:30，週二休館

📍 嘉義縣中埔鄉 36 號

🕘 09:00–18:00

中埔穀倉農創園區
Zhongpu Barn Agricultural Innovation Park

　　此園區近年成爲遊覽中埔的第一個門戶，閒置多年的糧倉建築群被活化爲休憩空間，以穀倉星巴克一夕之間敲響名氣，成爲阿里山公路新興的打卡景點。

　　中埔早期稻田耕作廣達千頃，隨著農民轉作和稻米減產，金蘭辦事處的老穀倉成爲了蚊子館，原木碾米機不再運作，佔地千坪的空蕩場域索然無味。時任農會總幹事李碧雲積極推動空間改革，招請 i² 建築研究室重新梳理，尋求傳統穀倉與當代設計間的平衡，打造出老少皆宜的農創園區。

　　老屋新妝的金蘭辦事處美得令人屏息，清水模工法素雅，入口處的過場空間像是疊疊樂般抽出大小各異的方形窗口，引進的光線隨著時間推移相互追逐暗影，一旁的綠樹昂然挺立，慶祝舊穀倉的豁達重生。走進辦公廳的服務區，會不自覺輕撫座位區的椅面邊緣，不是一板一眼的直角，而是能撐起人耐心靜候的曲線弧度。

　　內部挑高的八角亭是過去貯放五穀雜糧的種子倉庫，多窗設計訴求通風功能。依著八角形的連接面分配，恰好每扇木門後都是一格儲物空間，方便各類種子快速輸送入倉。穰穰公車、兒童遊憩館、穀倉美術館和臺灣檜木館皆是遊客隨意穿梭參觀的展館，還會撞見杏鮑菇、香菇和靈芝意象的地景藝術，菇類正是目前中埔主力發展的農產。

　　最後再到農會打造的「穰穰直賣所」帶些地方伴手禮，裡頭匯集「嘉義優鮮」遴選的農產品牌，嘉義優鮮是嘉義縣官方可溯源履歷的品質保證，讓民眾一舉蒐集旗下 18 個鄉鎮的風土氣息。

內海 Uchiumi

    內海是臺南浮游咖啡在嘉義換城生活的據點，得先轉進新榮路上連棟住宅的小巷，依循樓梯攀登而上，輕按民宅門鈴，才會尋得隱身在老公寓二樓的閱讀空間。

    對主理人「二哥」而言，內海的設定是他與浮游咖啡的夥伴可以輪流換個城市重新調整生活節奏的場域，裡頭放著喜歡的事物，包含書籍和音樂，更像選擇一個當下自在的狀態，並透過特色選書與不定期舉辦書籍交流活動，累積喜歡閱讀的來客。

    內海的物件擺設是一連串排列組合實驗下的結果，原先住宅格局的客廳

和房間透過多樣風格的桌椅擺設，營造出每一區的強烈風格。每樣物件看似親近，卻又帶點疏離，二哥認爲這樣的呈現都是依據長年積累的生命經驗，難以言傳。偏好以臨場感即興創作的他，試著將腦中浮現的想像透過元素蒐集、混搭和色彩應用，從燭台、植物、家飾到椅具，他反覆將每個物件掛上拿下、比例配對，再前後錯落，逐步爲截然有異的物件安置最合適的陳列樣貌。

　　店內低消爲一杯飲品，目前的金萱、野生烏龍紅茶和淺野特別烏龍都是承襲自二哥的茶道老師，野生烏龍紅茶相當耐泡，即使五沖以上依舊維持清香甘韻。喜歡奶製品的人可以選擇印度香料茶奶、經典斯里蘭卡和日式深煎焙茶的茶奶系列；數種手沖單品和咖啡牛奶則是獻給咖啡因成癮者。想來些小點輕食，花生厚片、酸豆水餃到與烘焙師合作的甜品，全是二哥的個人喜好集大成。

　　青澀的內海正從年紀半百的步登公寓裡長出自己的樣貌，靜謐地等待各地緣分在此聚集，尋覓一席座位共同徜徉書本故事，彼此悠然安穩。

　　　　　　　　　　　　　　　　📍 嘉義市新榮路 34 巷 1 號 2 樓
🕐 13:00-18:00（營業日按月調整，請依內海 Instagram 公告爲準）

木商珈琲

Moku shō

位在蘭井街上一棟超過 60 年的老屋，最初是專售庖廚柴薪的店鋪，隨著嘉義的林業時代褪去，中途轉為蔘藥行，木商珈琲是 2023 年初開啟的新篇章。我喜歡早上時段前來，盯著頭上的陽光與暖簾上的陰影競相追逐，感受這間小巧玲瓏的店鋪與東市場多麼不合時宜，佇立在歷史悠久的店鋪之中，門口還有兜售新鮮蔬果的地攤小販──生活感如此濃烈。

店內擺設是主理人 Zac 奔忙於多間選物店的收藏，一樓迎賓的掌櫃檯選自「舊美好.生活器具.古道具」一店，圓弧邊緣所空出的縫隙恰好成為客人邁往二樓座位的動線，復古地磚圖騰無縫接軌木頭樓梯，準備踏往一席靜好。

木商精神的實事求是，空間以沉穩到發黑的色系為主，刻意抽離紅色和黃色的膨脹色調，維持空間小而美的精細風格。桌椅選擇俐落的線型設計，展現了一氣呵成的爽快灑脫；錯落有致的高低款式，為空間分割出合適的座位距離。

底色配置妥貼後，Zac 尋得一塊深淺拼接的藍色棉襖掛在牆面作為跳色妝點，讓扁平的視覺瞬間鮮活一現。擺放的竹梯是與過往連結的線索，Zac 在柴薪行的老照片發現當年二樓屋外掛置一個形體龐大的梯子，正好在「洽順選庒 舊時好物」打撈到被歲月燻得焦黑的竹梯，不僅向上延伸空間視線，也拉長舊時光的遐想幻夢。

店內主打列日鬆餅，適合三三兩兩的朋友前來喝杯咖啡，吃些小點歇息。個人鍾愛伯爵酒香布丁，這款沾黏人人童年記憶的甜點，動點手腳加些伯爵酒在焦糖裡面，卻成為活得過於用力的回馬槍，喚醒人們返回孩提時的清亮。人生的尾韻多是繁重的，這時我們終於可以「乾一杯」布丁，每一口都是成長滋味的輕描淡寫。

📍 嘉義市東區蘭井街 78 號
🕐 11:00–17:30，週四、週五公休

CASA

📍 嘉義市東區光彩街 132 號
🕐 19:00–01:00，週一、週日公休

在嘉義酒吧圈擁有十年以上資歷的 CASA，2022 年從大雅路遷移至光彩街，緊鄰鈺通大飯店、南院旅墅、安娜與國王酒店。空間整體以清水模和不鏽鋼材質打造簡要洗鍊的夜生活風格；放眼望去數百瓶酒款，酒單僅從經典調酒精煉出入門磚，可透過與調酒師對話找到適合自己的酸甜苦。

推薦接骨木花、白蘭地、紅酒、鳳梨和伯爵茶特調的「豐收」、由美秀集團命名的粉紅酒「戀人」，可爾必思和果香的酸甜恰是戀愛的滋味；以及結合阿里山茶文化的茶酒「諸羅」，從凍頂烏龍萊姆酒、桑椹和鳳梨萃取的清爽芳香，一滴入魂。

聰明吧
TSHONG BiNG BAR

嘉義市東區中正路 316 號
請以聰明吧粉專最新公告為準

著名美食林聰明沙鍋魚頭在中正總店的同條路上推出新的事業支線——聰明吧。第三代接班人林佳慧以「嘉義會客室」的理念貫穿經營主軸，打造阿里山下的客廳願景，希望旅人能坐下來喝點小酒，嚐遍深具嘉義地方特色的下酒小點。

強棒主推「聰明精釀生啤酒」與跨界合作的限定特調，酒酣耳熱後喝碗醒酒湯轉換心情也是聰明吧的特色儀式，提供以豬心為食材的暖心湯以及有家族起家湯之稱的「冬菜蝦仁蛋湯」。沙鍋魚薯薯套餐則是聰明吧的殺手鐗，是餐飲本部沒有供應的限定料理，內容包含單人份的雞肉飯、冬菜蝦仁蛋湯和炸魚塊漂浮上方的沙鍋料理。咦？這裡不是酒吧嗎？讓每位客人都能酒足飯飽就是林聰明沙鍋魚頭全年興榮的經營祕方。

Bar Door to The Past.

📍 嘉義縣民雄鄉中樂村民雄市場 17 號

🕐 19:00–02:00，週一、週二公休，以粉專公告為準

　　藏身在民雄市場內的小酒吧。夜幕落下，市場攤商一片靜寂，唯獨一處放有裱褙在木板上的書法兩字：有開，提醒酒客勇敢推開灰色門牆，迎接調酒師阿德大展身手的天地。酒單清楚標示風味、酒感和酸甜表現；若想要來杯經典調酒，一臉靦腆笑顏的阿德也是會親力親為。

　　吧檯區可以近距離聽到各種調酒背後的典故。像我這杯 Clover Club 便是誕生同名的三葉草俱樂部，經典柑橘風味的琴酒 LoneWolf 為基底加上蛋白和覆盆莓，粉紅色漸層帶出酸甜口感，踏踏實實的妹酒風格實在難以想像是發源於 20 世紀初的男子俱樂部呢！

　　此外，這裡還是間瀰漫咖哩香的酒吧，每日少量供應洋食屋風無水咖哩肉醬飯，不想錯過完整的餐搭酒組合的話，記得事先打電話預訂這份熱門餐食。

COP bar-Cocktails
Of Pioneers

📍 嘉義市西區西門街 54-1 號
🕐 19:30−02:00

　　若喜歡藥草酒調製的雞尾酒款，COP 的能耐無疑能接起酒客的期待。這裡擅長將酒款結合飲食經驗，像是我喜愛的梅格羅尼，特選嘉義梅山青梅的特製酒結合義大利朝鮮薊藥草酒，渾然天成的苦甜風格，酒體嚐起來厚實卻又不失清爽果香，有什麼煩心的庸庸擾擾，彷彿都可以在此沉重舉起再輕聲落下。

　　招牌茶系調酒也是創辦人的閱歷濃縮，來自從小與阿里山茶樹為伍的清香記憶。調酒師大力推薦的「浪雲」，擁有獨家阿里山高山茶混搭自製茶苦精的酸甜平衡，是感受 COP 魅力的入門款。

秉森酒室

Bar bingsen

📍 嘉義市西區林森西路 528 號
🕐 19:30–01:30

　　距離嘉義火車站僅 200 公尺的秉森酒室，交通相當便利。主理人吳振銘將留學日本的學習見聞結合臺灣飲酒文化，並借用彰化二林葡萄酒莊秉森酒莊之名，孕育出這間號稱「臺日混血」的作品。如同日式酒吧的儀式，調酒師會先遞上熱毛巾供酒客擦拭在外奔波的塵土，舒服迎接後續的啜飲時光。

　　店內獨創調酒選用了秉森酒莊的酒款調製，例如葡萄酒為基底的三號酒「無法消除的詛咒」，一口混合蘭姆酒、接骨木花和柳橙的酸甜香氣、再一口撒上食用金箔的蔓越莓巧克力，宛如一杯欲擒故縱的盛情演出。其他部分酒款甚至帶有海苔、抹茶和香菜等個性元素，酒客冒險押寶的猶疑心情，大概就是吧檯邊夜夜上演的定目劇。

山角鐵茶屋
TRYNGOAL

樟樹湖沒有湖，是嘉義縣梅山鄉太和村裡其中一個鄰里名稱，海拔約在 1500 到 1700 公尺之間，屬於大阿里山茶區的村莊。坐立在翁鬱山丘之間，有幢奪得 2021 Muse Design Awards 室內設計金獎的山角鐵茶屋，吸引了不少人慕名前來。

空間由許益彰和馬來西亞籍妻子 Tara 共同經營打理。原先在紐西蘭當背包客的他們，有天，許益彰收到父親從樟樹湖寄來的茶，讓他決定攜著 Tara 返回家鄉務農，一起在山頭成家立業。但因家族在茶

業的發展已經相當成熟，早從單純栽種製茶的角色步入茶園管理及品質整合的領域，且每塊茶園都有隸屬的茶管師負責，一度讓返鄉的許益彰尋不得自己的產業定位。

直到某次，遠嫁義大利的朋友回來臺灣補辦婚禮，邀請許益彰盡地主之誼，為義大利籍的親友團客製茶文化體驗。有趣的待客經驗讓許益彰靈光乍現，決定將過往在旅遊業當領隊的工作經驗結合茶席文化，協助上山的旅人可以透過茶葉外觀、水色、香氣和滋味品茗的多元面向，深刻理解茶的價值。

臺灣茶始終是一門高深莫測的學問。許益彰分享，茶葉即便來自相同海拔的茶區，但茶園若是在日照較強的區域，茶湯可能相對乾澀且帶有刺激感，透過舉杯細膩比較，才能感受品質之間的些微差異。他也舉出大阿里山茶區的獨特：「阿里山擁有的山頭氣是微型氣候的一種風味感受，聽起來是很模糊抽象的概念；但山頭氣的茶湯會有一種絲潤圓滑的口感。」

正在跳脫海拔與價格框架的新一代茶農，許益彰總耐心地與遊客說明喝茶不是「喝海拔」，別被市場訂定出來的價格矇騙。像是許益彰的親戚家種的金萱，售價屢次挑戰原先的傳統市場。很多人會直球拋出提問：「明明海拔偏低，為什麼一斤比別人貴200多塊？」但因茶園位在大凍山背面，落山風吹拂造成茶園溫差大，形成茶葉品質佳而奪得好價格的主因。

山角鐵茶屋採取全預約制，許益彰會根據每個月的農忙狀況調整茶屋的開放時段，並於粉絲專頁公告預約辦法。由於人手有限，為了維

持茶屋一個時段內的接待品質與氛圍營造，目前僅接待每組四位以下且年齡達 12 歲以上的客人前來，希望在互相尊重的前提下，誠心款待與有緣人的一期一會。

至於山角鐵茶屋的出色外觀出自設計師林璞之手，特地將許家留存下來的老舊木材重製成店裡的櫥櫃、門和茶道桌延續用途，同時在木材裡添加金屬元素打造烏黑金屬感，剛柔並濟的建材運用與建築風格如出一轍：遠看一身鋼鐵感的堅毅外表，坐入茶席後滿是酥軟的內裡，壓力都隨著泡開的葉脈舒展開來。

一壺手沖高山茶與一份甜食為伴，不論位居茶屋一樓的吧檯座位還是二樓坐席都能沉潛在山巒的綠意，擁戴暫時脫離塵囂的輕鬆感。在這裡也能貼身體悟山頂氣候的瞬息萬變，上一刻的碧空萬里霎那轉為雲霧籠罩，沾得風景都黏上一層薄紗。這時候，我總會感謝花了一個多小時車程來到深山野嶺的自己，眼前令人屏住氣息的美景，誰都會再次靜靜舉起一杯茶色致意。

📍 嘉義縣梅山鄉太和村樟樹湖 27 號
🕐 採用粉絲專頁預約制

📍 嘉義市東區興業新村 40 號

🕐 11:30-19:30，週二公休

起 風

The Wind Rises

「之前這裡堆滿資源回收,沒有人想過會變新潮的打卡地點!」位於興業新村的起風,同行的友人總由衷讚嘆這棟建築的轉變。興業新村是街名,這裡聚集幾排低樓層的獨棟建築,多是過往的中油舊宿舍群。

起風位於街弄轉角的位置,建築格局氣派,透過設計背景的三兄妹之手,將這棟被時代推擠、淪落至資源回收廠的老房重新打造。如今,接近若芽色的大門如同植物嫩芽般重拾生機,映入眼簾的已是一間阿里山腳下的潮流茶店。

偶爾,主理人芷瑄會在一進門的茶几泡起茶來,分享近期覓得的茶葉以測試市場反應,讓來客感受茶湯在水溫、浸泡時間和次數等不同實驗條件下的風味表現,品嚐各個階段的色香與醇厚。幾個素昧平生的人湊在一起,舒展的茶葉也撫平了氣氛,眾人因品茗的短暫交集而相談甚歡。

兩層樓的起風,二樓有榻榻米的座位。用威士忌酒瓶裝茶是起風的特色標記,這裡販售眾多茶區的茶飲,從大阿里山茶區常見的青心烏龍與金萱外,也有南投魚池紅茶、臺東鹿野的紅烏龍,到帶有淡淡海鹹味的屏東滿州港口茶等茶款,隨著我們的心情決定當日的茶湯色澤,在一來一往的倒茶手勢裡,稀釋日常的瑣事。

搭茶的品項極度推薦紅烏龍生乳捲,以及朴子第一公有零售市場供應的手工灌製家傳糯米腸,看似如此叛逆的組合卻能成全幸福的張力。午後的時間來更好,天氣晴朗時可以撞見光線悠然地在榻榻米上緩緩移動,往窗子的隙縫間一探,還能瞥見對面的那棟木造小房,與現實有些若即若離的錯覺,這樣的下午茶時光甘甜地有點朦朧。

堀川茶事

Horikawa Tea Studio

堀川來自嘉義日治時期的舊地名，約在現今垂楊路、吳鳳南路和興業東路之間，因垂楊路的前身是一條大河溝，地名因地適宜被稱作「堀川町」。步入隱身在巷弄的堀川茶事是棟木構建築，爲了留住昭和光景，主理人透過從日本帶回大正與昭和時期的古物陳設，步步堆砌舊有的生活樣貌，終於成就這棟日式老屋含情脈脈的靜謐。

採取預約制，共有兩層樓的飲茶空間，二樓是需要全面脫鞋子的區域。攀上樓梯彷彿掉入時光倒影，每一個步伐都會隱約牽動樓面震動，衆人紛紛入席盤腿而坐，感受凍結在空間中的恬靜。

　　手刷御抹茶、焙茶和玄米茶來自京都百年茶鋪一保堂,手採的臺灣茶選用阿里山珠露、清香金萱和紅烏龍。也不全是那種「一鏡到底的長鏡頭喝法」,堀川茶事也翻玩特色茶飲,例如:手炒焦糖鳳梨冰茶、青檸蜂蜜抹茶氣泡飲和丸九小山園抹茶拿鐵等,各個遒勁地宛如山水畫的斧劈皴法,搭配一個大人味布丁,讓茶也能喝得抑揚頓挫。

📍 嘉義市東區吳鳳南路 37 巷 15 號
🕐 13:00-19:00,預約制,定休日請參考粉專公告

牛伯伯茶塢
Uncle Niu Tea House

梅山鄉太和村是 2009 年莫拉克颱風的重災區,嚴重的土石流災情讓茶農依賴的經濟來源一夕化爲烏有,迫使村落直視自然生態的重要性。村民開始透過友善農法耕種茶葉,並與上山駐村的藝術家學習陶藝、泥塑、木工和繪畫等技巧,嘗試將所學結合太和的茶文化,打造當地獨特「一家一茶屋」的新時代。

162 甲縣道旁的牛伯伯茶塢,出自茶農牛伯創作,他混合水泥、甘蔗渣、米糠、木屑和陶土搭建一座大型泥塑,外表酷似一顆質樸的南瓜,也有人說像虎頭蜂蜂房。要進到茶塢得賭把運氣,看是否能成功預約或是碰巧在村落遇見牛伯。

茶塢的窗戶有圓形、弦月形、心形和水滴形各個樣式,牛伯靦腆地說:「邊做邊想,一開始也沒打算做成哪些形狀。」每一扇窗都像場太和式剪貼,窗框裡收攬滿版的風光。

📍 在太和振興宮新廟旁,
可直接導航該地標(23.539269628822794, 120.71580600512556)
🕐 預約詢問電話:0937-351-123

Recommand Route
2
推 薦 路 線

嘉義生活品味
二日遊

生活美學一直是很抽象的詞彙，範圍從客觀的藝術形式到主觀的意識形態，都可能與日常中的美感體驗息息相關：相異的人生經歷也會激發每個人跨向不同的主張、決定與行動──多元且真實。

嘉義生活風格的迷人之處，在於當大眾捕捉老屋、咖啡和雨後春筍小店等詞彙時，以為這座城市將漸漸形成某種樣貌時，偏偏它就是沒有要順水推舟往那裡去，而是因各店主的性格與喜好，重新堆疊成屬於自己的獨到神采。

Day 1

10:30
嘉義文創園區 - 國王蝴蝶
↓
12:30
享用午餐
↓
14:30
風格選物店探索
↓
18:00
晚餐時間
↓
19:30
有春杝宅
／小小逐月坊（住宿）

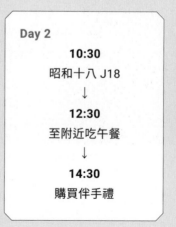

Day 2
10:30
昭和十八 J18
↓
12:30
至附近吃午餐
↓
14:30
購買伴手禮

國王蝴蝶咖啡

Roicafe

📍 嘉義市西區中山路 616 號 F 棟 2 樓
🕐 10:00–18:00，週一、週二公休

　　像是位居嘉義文化創意產業園區 F 棟二樓的國王蝴蝶咖啡，本是舊酒廠原有的五金倉庫，以紅色與白色兩色油漆拼貼牆面，挑高的天花板與數面玻璃窗，營造出穿透的舞台感；紅色窗簾畫龍點睛，陪襯出內斂又神祕的異國氛圍，跳脫老屋咖啡的既定印象。身為嘉義供應自家烘焙手沖咖啡的老牌保證，國王蝴蝶咖啡依然秉持與時俱進的活力，積極推廣咖啡活動，展現阿里山下的風味哲學。

舊美好 . 生活器物 . 古道具　　Unique antique

📍 嘉義市西區西榮街 2 號　　🕐 預約制

西榮街上頻頻吸引過路人目光停留的「舊美好 . 生活器物 . 古道具」，專門販售主理人從世界各地收集的古董收藏品，越過玻璃窗面，裡頭每一件舊式家具、陶瓷、器皿、織品和工藝品等擺設，妥當地散佈空間各處，形成一幅幅美好的靜物畫面。店內採一心一意專程前來的預約制參觀，邀請品味同路人入內感受，物品在歲月淘洗裡的安謐靜好。

Jun 手感作物工作室、枝椏

Jun's Handmade & zhī yā

Jun 手感作物工作室　　　　　　枝椏

📍 嘉義市東區融和街 19 號　　　　📍 嘉義市東區延平街 215 號

🕐 試衣預約制　　　　　　　　　　🕐 14:00–20:30

　　像是隱身融和街的 Jun 手感作物工作室，狹長的平房住店合一，販售多種款式的手染衣、生態缸和織品配件（可向官方粉絲頁預約參觀時間前往試衣）；屋子後方則是主理人小君打造的植物園和染房，小小一隅卻孕育出色彩斑斕的萬千世界。小君的染色風格獨具匠心，深得藝文工作者喜愛，例如演員陳竹昇、阮劇團創辦人汪兆謙都曾身穿此店的手染衣出席公眾場合。另外，在販售質感藝品的選物店「枝椏」，其二樓也有 Jun 手感作物的展售空間。

有春杬宅

Spring 12 House

📍 嘉義市西區中山路 366 巷 12 號

　　中山路巷弄的有春杬宅，是嘉義地區少數的木造老屋合法民宿，主打團體包棟服務。超過 60 年屋齡的兩層樓木屋，延續原有的樓梯、門窗、地板和梁柱等木結構，保留建築的時代韻味。但出門在外就是希望旅客住得舒服，具備設計師專業的屋主充分展現傳統與現代結合的美感，每間房間配置席夢思床鋪與現代衛浴等舒適物件，住起來便利舒坦又不失品味。

小小逐月坊　　Little-moonlight

📍 嘉義市西區國華街 181 巷 14 號

　　當人們走在府路巷中，對於小小逐月坊的具體位置感到困惑時，終於看到了辨識的指標：一隻坐在圍牆上的米飛兔。

　　這棟房子由紅磚與檜木構成，從 1963 年建造以來一直被作爲住宅使用。房子的主人小小花了三年的時間，把老屋「修舊如舊」，盡量維持原先的古樸風采，並將他在各國旅行蒐集的老物用心擺設，讓旅人墜入懷舊的漩渦中。房子裡也展現了小小的個人喜好，偶爾在小角落會撞見米飛兔的身影。

　　客房主要位於二樓，也是嘉義市少數提供寵物友善的住宿場所；而小小則居住在一樓，以便隨時照顧旅客的需求。他會親自帶領客人遊覽街區，或準備一些待客的小驚喜。如果你喜歡在旅程中交朋友，享受家一般的輕鬆自在，這裡將熱烈歡迎你的到來。

昭和十八 J18- 嘉義市史蹟資料館

Chiayi City Historical Relic Museum

📍 嘉義市東區公園街 42 號
🕐 10:00−18:00

　　隔天一早，可以來到嘉義公園裡頭的「昭和十八 J18- 嘉義市史蹟資料館」，空間原爲日治時期嘉義神社的附屬齋館和社務所，1943 年建造至今的悠久風韻，早已核定爲市定古蹟，目前委託給專業團隊經營。遊覽嘉義公園，累了就來一支京都北川半兵衛抹茶霜淇淋，是很多旅客對昭和十八的第一印象；而我則是深刻記得，裡頭員工跟我分享他們的工作使命：「第一是維護古蹟，再來才是餐飲服務。」這般眞誠讓人欣喜，所以當人們參觀藝術特展、揀選窗邊位置喝杯下午茶，甚至是參與和服體驗在建築各處拍照留念時，都能感受到整個環境被細心照顧的眞心實意。

奮起福
THE PURE Fenchifu

📍 嘉義市西區四維路 153 號
🕐 週一至週日 11:00–18:00

　　離開前，不妨來買份阿里山起家的奮起福米餅，是臺灣首家以「米香米餅」參賽國際賽事並獲獎的伴手禮品牌，近年邀請小福砌空間設計操刀四維路上的「奮起福 THE PURE」，全店以溫馴木色展現概念店的穩重可靠。門市可以窺探米餅的製作過程，用料純粹且無人工添加物，是闔家大小皆能放心食用的米食零嘴。採購伴手禮外，落地窗前享用米餅霜淇淋和現製飲品，特別適合當作來嘉義旅行的最後一站，安逸閒適。

3

在地食品材料

Local Cooking and Ingredients

不同走向的市場,各有光陰襯的底子。

有多個家庭生計揪著街區的發展遠兜近轉,

眼底城事盡是人間。

將景點加入地圖

↓

東市場 & 西市場

East Market & West Market

嘉義主要有兩大百年市場，因東西區的位置劃分，以東市場與西市場各據一方。日治時期為了整頓臺灣的衛生環境，將攤商市集與街庄的衛生組合合併經營，把露天的攤販集結至同一區管理。嘉義市街在 1906 年的梅山大地震損毀慘重，臺灣總督府在重建城市之時一同實施棋盤式街道規畫，興建嘉義東市場與嘉義西市場。

早期俗稱「草市」的東市場是山上居民將農產運下山遇到的第一個市集，加上緊鄰嘉義城隍廟，多是本島人（臺灣人）聚集

之地。位在國華街的西市場則因靠近林業發展區域,是日本人與臺籍商賈選購民生用品的地方,被稱爲「好額人市」。

行過百年必曾歷經苦難,空襲的戰火、地震的猖狂和祝融的無情都是東市場歷史上的傷痕,尤其 1978 年的熊熊大火燒去東市場西半部的容顏,目前僅有忠孝路和中正路交岔口那側的東市場,還可以抬頭望見原先的木構造建築。

時代如此沉重,也不是那麼容易鳥獸散。經過多次的整建修築,即便鋼筋混凝土與木構接縫如同一條明顯的刀疤,東市場的攤商也這麼生存了下來。現在與

嘉義人提及東市場,大家時常把南門圓環開始的共和市場兜在一塊,從祭祀糕點、素料買賣、植栽花束、海鮮肉品、蔬菜水果、居家小物到庶民小吃,依舊是與嘉義人生活難分難捨的大廚房。

共和路上的舊孔廟,是我最愛的私房景點。這間隱匿於攤商後的孔子廟,廟埕廣場有鮮明的黃色塗料劃分的停車格,每格結合行業與租借人姓氏標示使用權,上頭有菇菇王、賣魚吉、內衣洪和鴨肉馮等辨識,火鍋人多勢眾有三格,最大格的是廟務。停車格上有車有出攤,格格都是市場與廟宇間形影不離的政治關係。

若想來些熟食果腹,常見於報

章媒體的東市場美食都在光彩街那側的「嘉義市東公有零售市場」。大鍋熬煮的王家祖傳本產牛雜湯,由牛肉、牛心、牛雜、牛肚、牛腰、牛肝和牛筋混成一碗驅寒美味;隔壁的東市蔡家本產羊肉隱隱放光,喜愛這攤溫馴的當歸羊肉湯;坐在蕭家春捲的桌沿,邊啃著春捲喝杯柴魚湯也是我的市場清閒;若想吃點踏實實的澱粉,袁家筒仔米糕配上一份乾炸排骨酥是豐足;用豬網西古法包覆的阿富網絲肉捲,油鍋豪邁得滋滋作響,卻炸得裏頭高麗菜和洋鮮脆多汁;最後來杯祖傳的東市楊桃冰收尾,與楊桃或洛神特製的汽水組合,則是大快朵頤後的孩子氣。

間間都是資深老店,一個不小心,腰間的臃腫白肉都會塞得過多過滿,「嗝」地一響成為東市場的收場,但怎麼辦呢?這條吵嚷繁盛的長街終究會帶給人滿懷的牽掛。

再說今日的西市場,拆除重蓋後已是一棟現代化綜合商場建築。地理位置的優勢成為當代雙面刃,為了讓汽機車通行順暢,無法像東市場周圍有系統的集市,僅能垂直發展。一樓是傳統市場加上熟食攤販、二樓為美容美髮的個人工作室、織品百貨和電腦零件,其他樓層則是公家單位和補習班進駐。

民眾多是目的導向前來西市場,像我的驅使動力是西市場鮮魚湯肉燥飯,主打包含魚湯、肉燥飯和燙青菜的「烏鰡魚套餐」,另外加點一份煎魚,一魚兩吃式的醬燒油香滋味,讓人輕鬆達到深層的身心療癒。

不同走向的東、西市場，各
有光陰襯的底子。人潮聚集的
落差難免，但兩邊都有多個家
庭生計揪著街區的發展遠兜近
轉，真切地把兩地走過一輪，
眼底城事盡是人間。

嘉義市東公有零售市場

📍 嘉義市東區忠孝路光彩街

🕐 05:30-18:00

嘉義市西市場

📍 嘉義市西區國華街 245 號

🕐 10:30-13:00、16:30-19:00，週日公休

南田市場
Nantian Market

📍 嘉義市東區南田路
🕐 24 小時營業

　　南田市場是凌晨 3 點就開始摩拳擦掌的戰場，無論是從雲林西螺果菜市場直送的新鮮品質或經濟實惠的銷售價格，皆可成就生意人前來批發的如意算盤，匯成一條活絡的金流。

　　歷史悠久的南田市場，是清朝時期的中埔、阿里山一帶進出諸羅城（今嘉義市）的四大古道之一，也是當中路徑最長的一條。從八掌溪的渡口起，北經草地尾、南田市場、再接著俗稱「樣仔路」的宣信街，最後抵達南門。

　　天亮後，民眾的機車取代商家的配送車，輪到家庭散客接力上陣。我自己偏好從南田火雞肉飯那側為起點，先點碗火雞肉飯配菜脯蛋作為行腳的戰力儲備，外圍的德和焿麵也是備受追捧的人氣古早味，氣力滿滿地迎接南田市場的野性。

　　南田市場充滿電影《南國再見，南國》的鐵漢柔情，肉販各個眼神肅氣，雙手浮著青筋，大刀霍霍；但只要上前詢問哪些料理適合哪個部位好，他們瞬即化成一片輕柔湖水，耐心解惑；偶爾鄰近收攤時間乾脆加碼贈送，遞上滿滿一袋熱情。百年的生活痕跡在小徑裡大鳴大放，我習慣在不同攤販分散購買食材，一袋排骨、兩根人蔘山藥、三顆香水檸檬和四盒素食滷菜等沿途蒐集，從無數場對話裡探得行情，再一路被擺得滿地的當季蔬果迷惑勾引。

　　鄰近宣信街 400 號有間無名的營養攤位，賣著甜菜根果汁、明日葉精力湯、苜蓿手捲、蔬食三明治和原味豆漿。腸胃難搞的我，喝這一攤的豆漿卻不會脹氣，每趟都來杯熱熱原味無糖豆漿過過癮，看著婆婆在果汁機倒入小米、燕麥、黑芝麻和非基改黃豆，多種看得到的原料混合打碎成汁液，溫潤一日之始。

　　南田市場也聚集較多東南亞食材和新住民料理店。宣信街 484 號的越南當地美食，法國麵包、海鮮河粉、蔬菜春捲……樣樣用料誠意，異國風情滿盈。聚集眾家之味的南田市場，它這股生猛的野不僅是層層包覆的年齡歷練，沿著多國文化灌溉而出的生命力，從中看到了一個風貌繁複的嘉義。

大林民有市場

Dalin Market

大林民有市場內的土地公廟是求財熱區，這座福德爺廟曾遭祝融，當時為了重建便邀請當地藝術家簡源忠創作，在廟身側邊以馬賽克拼貼完成「財神來到」作品，畫面中的土地公拿著金元寶，身邊的童子推著滿車的黃金。謠傳，只要前來摸摸畫面裡的「金元寶及黃金」再將手放入口袋，接著買張彩券小試身手，就會有好彩頭。

不遠處的「菜市場上羊肉」是前來大林的另一動力，溫體羊肉新鮮清甜，過去因長年維持炒麵、炒飯和羊肉湯都 50 元的價格，被當地人稱為 50 元大飯店。目前價格已些微調漲，但老店的份量依舊誠意十足。

大林民有市場

📍 嘉義縣大林鎮中山路 77 號

🕐 06:00-12:00

福德爺廟

📍 嘉義縣大林鎮中正路 514 巷 12 號

朴子第一零售市場

📍 嘉義縣朴子市第一市場

🕐 週一至週六 06:00-22:00，週日 06:00-18:00

朴子第二市場

📍 嘉義縣朴子市

🕐 06:00-12:00

朴子市場
Puzi Market

朴子在清朝年間因當地樸仔樹枝繁葉茂，是居民休息乘涼之地，被稱爲「樸仔腳」，直到日本時期才易名美化爲同音的「朴子」。市街以媽祖廟爲中心向外擴展，而後繁衍成滿足民生需求的市集，附近有朴子第一零售市場與朴子第二市場。

隱身在朴子第一零售市場裡的「麻糬棟」，總是吸引絡繹不絕的人潮。向唐山師傅學習道地麻糬手藝的第一代創始人林棟，在那個需要躲避空襲警報的日子裡，頂著扁擔叫賣，解決了居民避難後的飢腸轆轆，也成爲戰亂中的慰藉。

顆顆遵循古法的手工現包麻糬，有著白糯米與紫糯米兩種外皮提供選購，身在綠豆重要產地的朴子，內餡塞著綠豆餡仁可說是名正言順。店家會靈敏地劃上兩刀，上下滾黏花生粉，軟糯鹹香的麻糬香氣撲鼻而來，記憶點十足！另推薦懷舊的甜米糕，龍眼乾伴著淡淡酒香，簡直是老派甜品之必要。

一旁便是賣著現打果汁、傳統剉冰與春捲的老店「永豐春捲冰果室」，豆乾、蛋皮、豆芽菜、高麗菜、肉片、油麵、花生粉等豐盛食材一次包進去，再豪邁地灑上白茫茫的糖粉（個人經驗覺得半糖最合適），當成正餐份量在款待。內用的話，老闆還會撈一杯柴魚湯，讓客人沉澱春捲的甜勁尾韻，挺好。

若想找個停泊點細看市場的流動人群，朴子第二市場的青田寺有間共存的無名攤販，早餐時段販售豬肉脲香與醬汁激情演繹的滷肉飯、蒸得彈韌且淋上大匙蒜醬的碗粿，和粒粒分明的筒仔米糕等古早味小吃，桌椅直接擺放在觀音菩薩的供桌前，既能飽餐一頓又可以享庇佑。

魚市傳統市場（永和市場）

Yonghe Market

民族路與垂揚路之間的永和街正是永和市場的所在地，因位居購物商圈，加上眾多攤商在裡頭擁有3、40年的江湖資歷，黏住不少家庭的採買習慣，每到早上該路段便見萬頭攢動，擠得水泄不通。對我來說，這裡是嘉義市區攤商攻勢最猛烈的傳統市場，

各家老闆坦蕩磊落地叫賣攬客，把產品說得吸引動人、價格喊得平易近人，這些從常民生活長出的經濟學，誰都想在一來一往的喊價中佔得優勢。

　　短短一條但貨品種類繁多，網羅新鮮直送的果菜大軍、阿里山的放山雞、袒胸露腹的生猛魚貨、形形色色的生活用品，逼得人一路在理性與感性間纏鬥，這裡不容許人只買必需品。可能是地理位置鄰近兩家百貨公司的關係，永和市場沾惹了服飾的購物氣息，不少地方媽媽會在這增添行頭，偶爾也能挖到復古穿搭的經典衣料呢！

📍 嘉義市西區永和街
🕐 06:00–14:30、16:30–00:00

📍 嘉義縣水上鄉

🕐 05:00-13:00，週一公休

水上公有市場

Shuishang Public Retail Market

水上公有零售市場是一棟被臨時流動小攤環繞的磚造建築,沿徑入市,路的兩側盡是鄉村生活的安閒氛圍。貨卡陳列甫採收的鮮美蔬果,夾雜土的氣息,幾個老闆與自己的友人廝混一起,邊談笑風聲邊招呼生意,地方生活感排山倒海地送來。

這裡不是觀光熱點,卻充滿小巧可愛的市井生活。市場裡的雜貨店留有臺豐汽水的復古廣告、菜販阿姨標示著婚姻介紹的服務、舊式文具店堆放著六合彩報的簽牌希望、將配色分類整齊的水果小攤,以及簡單兩張椅子就可完成挽面生意的角落。

公有零售市場面對正義路的外側,幾間備受居民寵愛的店家連成一線,別著小蜜蜂麥克風細心接待客人的旺橘早餐、桌桌都有盤炒麵的玉山美食,以及午餐時間相當熱門的水上鴨肉羹,皆是悠緩時光裡的道地光景。

聯發糖行

Lian Fa Sugar Shop

　　若想要購買嘉義的特色調味料作為旅程的味蕾延續，文化路夜市附近有間誠信經營的 70 年老字號「聯發糖行」是推薦首選。沒有任何絢麗裝潢，憑藉貨真價實的商品買賣就是它至今仍屹立不搖的底氣。

　　創辦人從金柑糖製作起家，這款古早味糖果我們絕對看過，外表如西瓜般圓滾滾，有紅、橘、黃、綠等鮮豔色彩，上頭還有白色條紋相隔的紋路，黏滿白糖的甜滋喜氣時常出現年貨大街或柑仔店。後來經歷戰時混亂，決定開店進行糖業批發多掙些錢，正式踏入糖業買賣。

　　相信不少人都曾在歷史課本讀到過「第一憨，種甘蔗予會社磅」這

句話，意思是日治時期蔗農種植的甘蔗，秤重與收購價格都是由會社說了算，只有天下最呆的人才會傻傻地將收成交給會社處理。戰後，臺灣糖業公司實施分糖制度，向蔗農保證一定額度的收購價格，以維護他們的利益；蔗農也可以領取一定的糖量來進行販售，增加收入。

根據 2022 年「島內散步」在嘉義的導覽員培訓課程中，聯發糖行就出示了與這段臺灣史相關的見證——保存至今的斗六糖廠棧單。在分糖制度下，糖廠會核發「蔗農糖寄存棧單」作為領糖憑據，上頭標明了糖的種類、重量和數量，薄薄一張紙卻是聯發糖行在大時代裡的生存之道。

1990 年代國際糖價大幅下跌，不能再單純依賴糖作為單一販售主力，於是聯發糖行開始增加銷售品項種類，逐漸轉型為複合式的南北貨賣店，客源也從夜市攤販訂購的商家擴散至散客。如今，熱賣商品涵蓋頂級壽司米、臺南老品牌提香芝麻醬、北港老店現炒配送的花生粉或是依古法調和的老公仔標系列香辛料……明顯區別連鎖賣場的銷售商品，著實是暖暖內含光的寶庫基地。

偶爾，我會在這裡購買嘉義在地的調味醬作為朋友來訪時的贈禮，無論是涼麵涼菜的白雪牌白醋、雞肉飯店愛用的古早味萬金醬油，或常被辦桌總鋪師指定的台榮桂花醋，每一瓶都是依附在嘉義日常的經典風味。

如果對於柴米油鹽等食品原料的應用不太清楚，可以直接詢問老闆佐料的使用方式，老闆會依據需求

告知指引。比如說,二砂糖跟麥芽可以煮出一鍋蜜地瓜;過年買黑糖發糕粉就能輕鬆自製桂圓糕;寒冬時,可以用黑糖薑母搭配冬瓜磚熬煮薑母茶。偶爾聊一聊,還會透露獨門的私家美味,像是聯發糖行一家人的清明春捲,捲起的不只是糖粉和花生粉的香氣,甚至會額外撒上黑芝麻粉增添餘韻呢!坦率直接的甜蜜記憶,讓日子甜得如此皎潔明朗。

📍 嘉義市東區中正路 292 號
🕐 07:00-19:30

三哥肉乾

Third Brother's Jerky

📍 嘉義市東區蘭井街 75 號
🕐 07:00–20:00，週日提前至 19:00 打烊

　　取父親在家族的排序，母親的樣貌作爲品牌圖騰的「三哥肉乾·肉鬆」，最初是以「新日味香肉脯部」起家，胡文信和胡楊菊夫妻檔在 1975 年從彰化前來嘉義東市場設攤打拚。沒想到隔年胡文信驟逝，胡楊菊從此扛起店務重擔，化悲憤爲力量打下江山，購得蘭井街現址，現已交棒兒子經營。

　　店鋪產品種類豐富，涵蓋肉條片、肉乾、肉鬆、魷魚、果乾到古早味零嘴，特別推薦每日使用生鐵鍋現炒的豬肉鬆，聚熱和散熱效果相對緩慢，水分不會散發過快，讓肉質可以有層次地熟成，每個翻動不僅炒出深得鄰里厚愛的臺灣味，也成就香氣充裕的伴手禮代表。

永昌行
Yong Chang Hang

即使沒聽過嘉義永昌行，我們的成長經驗裡或多或少都有一罐妞妞甜八寶，解救嘴饞時刻，此款懷舊甜品初期的大麥、薏仁跟紅豆便是由永昌行提供原物料。這間位於嘉義市中正路上近百年歷史的堅果雜糧專賣店，最初由董再福先生透過養蜂與烘焙龍眼的生意起家，當時名為「永昌養蜂場」。為了拓展營業項目，第一代創辦人向鄰家批了一簍花生開啟販售五穀雜糧的生意，並以代表永遠昌盛的「永昌行」為名，漸漸成為嘉義地區不可取代的原物料供應商。

　永昌行的地板至今保有富時代韻味的磨石子，過往地下室的防空洞已成爲今日的倉儲空間，貨梯上上下下，業務相當繁忙。2022 年，第四代曾孫董耀鴻希望家中上百種銷售品項能更有秩序地陳列，便動手撰寫企畫案，申請官方的店家形象再造的補助金，對店面進行「整容手術」。

　空間配置重新以主題分類，例如：商品陳列專區、承裝穀物的竹簍區，以及油品醬料的集中區；並藉由聚光燈和日本時代經典牛奶燈的光線輔助，讓人們能依著或高或低的軌道途徑，直覺地走向商品的所在區域。收銀區旁的歇息區，延續董再福先生在日治時期的奉茶精神，提供麥仔茶或是蜂蜜龍眼茶體恤步行進城的客人；現今的永昌行，也會依照季節變化供應茶飲，讓來客試吃時，暫坐歇息喝杯茶飲。

　除了攤商的上游供應，永昌行更陪伴不少嘉義人長大。我們能在永昌行買到各個階段所需的品項，像是在嬰孩可以吃副食品開始，家長會來買永昌行自製的米麩餵食，不僅經濟實惠還擁有蛋白質、維生素與鈣質等營養素。這裡的米麩也稱爲「豆穀粉」，糙米混入蕎麥、黑

豆、黃豆、紅薏仁和燕麥等多種穀類磨製。

不同種類的本產花生，是合作數十年的北港花生廠提供。永昌行選用其中的北港九號磨製成一瓶瓶花生醬，不加一滴水、大豆油和防腐劑，整瓶的成分只有花生，每一口都是家傳的真誠原則。若想要往返懷舊年代，推薦店內的純黑麻油與 100% 日本品種芝麻自製的黑芝麻醬，一樣天然濃郁。

至於永昌行的王牌，一定是「堅果大四喜」，每星期僅開爐兩次，採用低溫烘烤印尼大腰果、美國杏仁果、澳洲夏威夷豆和美國核桃。秉持新鮮供應的經營原則，永昌行始終不過度製造，避免堅果產生油耗味的疑慮，老老實實地用真材實料的商品訴說講究。

若仔細環顧永昌行四周，會發現這裡根本是隱藏版的器物博物館。檯面上陳列不同年代的測量工具或是生活器物，像是米斗、界尺、等臂式天秤、布袋鉤和布袋針等早期生意工具，連櫥櫃兩旁吊掛竹簍籃的骨架都是昔日的木桿秤。

　米斗是早年衡量米穀的器具，分為方形米斗和圓形米斗，臺灣總督府於 1906 年頒佈《臺灣度量衡規則》，規定須由官方進行度衡量器製作、修復和販售，上頭也會有官印的戳記。依據永昌行店內米斗的度量衡符號，大致能分為大正時期的台灣高田製，或日治中後期常見的官製米斗；與米斗相輔相成的界尺，作用在於能撫平米斗的表面，讓客人買的穀物可以對應到一定數量。

　下次來訪嘉義，別忘了到永昌行買些堅果雜糧的伴手禮回去，並一睹近百年來的生意縮影，都是童叟無欺的商業良心。

　📍 嘉義市東區中正路 382 號
　🕐 08:00－21:00，週日公休

朴子黃清松米奶粉
Huang Qing-Song Milk Powder

朴子的黃清松米奶粉是超過 60 年的傳統老店，目前由第三代黃靖予與丈夫共同經營。米奶粉俗稱「米仔麩」，將糙米高溫高壓爆開後研磨成粉，再加入少許水調成糊狀。因早年奶粉尚未大眾化，農家孩子又多，普遍以米仔麩替代以減輕開銷。

黃清松是黃靖予父親的名字，但在阿公黃金柱那一代就有並進米仔麩的小生意。黃金柱以米香為業，響亮「砰」一聲隨即米香四溢，街坊鄰居時常請求米仔麩的加工服務，黃金柱為了落實品質乾脆買臺碾粉機，正式展開米仔麩的工作產線。

早期僅單一糙米，到了爸爸黃清松加入五穀元素，甚至研發營養價值相當高的 22 味養生米奶粉，囊括糙米、玉米、小米、蕎麥、黃豆、花生、花豆、碗豆、紅豆、綠豆、米豆、薏仁、蓮子、芡實、茯苓、燕麥、麥冬、百合、白果、靑仁黑豆、小麥胚芽和蘇淮山，樣樣眞材實料。

平日早上 9 點到下午 1 點之間是例行性的爆香時刻：將穀米倒進壓力鍋，每次爆出來的形狀大小皆不一致。倒入冷卻槽降溫，待冷卻後再放入研磨機磨製、攪拌，最後封口包裝。高溫的器材、酷熱的工作環境和大量粉塵都是堅持傳統製程的代價。

黃靖予表示，米奶粉一度沒落，但毒奶粉事件提升了消費者的飲食意識，標榜純天然、無香料和無防腐劑的黃清松米奶粉再度被市場所重視。目前提供全糖、半糖和無糖三種層次應變養身趨勢，不少地方長輩視爲日常均衡養分的攝取來源。近年風行的玄米茶和黑豆茶也是品質保證的選擇。

📍 嘉義縣朴子市北通路 100-3 號
🕐 08:30-20:00，週日公休

吳氏醬菜

Wu's Pickles

東市場內家傳三代的 80 年醬菜攤，攤販聚集 20 至 30 種醬菜，方方正正的塑膠盒成了強悍的地基，撐住上頭層層相疊的醬菜山，酸氣撲人。燉煮火鍋湯品用的酸高麗菜、醬燒虱目魚提味的瓜仔脯、快炒肉末的雪裡紅、來自奮起湖的桂竹筍，以及古早味壓箱寶的黑金老菜脯全都可以在這攤尋獲料理的最佳助攻手。

站在如此多的珍寶面前，遲疑都是正常。好下飯、煮湯、燒魚、紅糟、味噌，只要丟出瑣碎的關鍵詞給老闆，老闆便會滔滔不絕指出兩三樣適合的方案提供選擇，畢竟在市場裡賣食材的老鋪，天天與來來去去的廚房經驗談為伍，腦中想的對話全是食譜；還會因每個人帶回去的存放長短決定鹽水多寡，持續鮮明醃漬物的風味。

📍 嘉義市東區東市場 51 號
🕐 05:00–19:00，週一公休

雞標辣椒醬　chili sauce

　　嘉義雞標類似臺中之東泉的存在，原料含有辣椒、豆瓣、糯米、糖和鹽，常見於嘉義古早味小吃，普遍用來爲炒麵、米糕、煎粿和火雞肉飯等主食提味。

【購買資訊】

📍 嘉義市東區南興路 176 號（現場是住宅）

🕐 週二至週五 08:00–17:00

一塊粿麻油辣椒醬　sesame oil chili sauce

　　從新港起家的一塊粿，是間專門販售全素麵線、碗粿和油飯的市場攤販。爲了讓吃素者也能擁有一罐專屬辣醬搭配，選用朝天椒、黑麻油、黃豆、糖和鹽巴獨家研發麻油辣椒醬，辣勁十足，第一口請小心服用。

【購買資訊】

📍 嘉義縣新港鄉中正路 140 巷 31 號　🕐 07:30–10:30

📍 嘉義縣民雄鄉復興路 72 號　　🕐 07:00–10:00

（一塊粿的攤販販售或是粉絲專頁有宅配訂購連結。）

萬金醬油　soy sauce

　　家傳四代的萬金醬油是嘉義著名的老字號，旗下有壺底油、高級醬油、高級生油和辣椒醬。因本身的食品工廠也有負責雞肉飯專用醬油批發業務，藉此工廠會將從醬缸萃取的第一道生油裝桶，販售給雞肉飯攤商，商家再依照比例將生油混合雞汁和醬油燉煮，調製出來的獨門醬汁就是嘉義雞肉飯的美味關鍵。

【購買資訊】

📍　嘉義市西區西門街 236 號

🕐　09:00–20:00

台榮桂香醋　spiced vinegar

　　出產桂香醋的台榮釀造歷史悠久，創立於 1937 年的臺南州嘉義市新高町，最初是專門生產純米醋供日本人食用。原料選用嘉南平原的稻米，經天然麴法以陶缸靜置發酵，過去常被辦桌總鋪師與餐廳作爲指定用醋，是嘉義人兒時再熟悉不過的酸溜滋味。

【購買資訊】

家樂福、聯發糖行和部分傳統雜貨店

白雪沙拉醬（白醋） mayonnaise

　　嘉義人稱這款印著一隻蝦子的白雪牌沙拉醬為「白醋」，時常見於涼麵和涼菜的佐醬，白醋是雲嘉地區的限定用語；其他縣市則是使用商標「佳味珍」代替。

　　佳味珍創辦人蔡水獺年輕時曾在日本料理店擔任學徒，這款沙拉醬是教導他的日本師傅留下來的配方。約在 1934 年開始自產自銷大量推廣到餐飲店家，廣受好評後大家紛紛詢問醬料的中文名稱，這時蔡水獺打開日本師傅留下的紙條，上頭只剩下「白」、「醋」兩字，從此在地方如此稱之。

【購買資訊】

📍 白雪食品沙拉醬直營門市，嘉義市西區成功街 45 號

🕐 08:00－18:00，週日提前至 12:00 關門

156

阿里山極邊山葵醬油　*wasabi sause*

　　具有高經濟價值的山葵，是人們口中的「綠色黃金」。因對生長環境要求嚴苛，不僅需要林木遮蔭，水質也講究清淨，符合需求的阿里山正好成為日治時期日本人引進山葵種植的主要用地。

　　但因種植山葵的土壤流失量是一般土地的六倍，過程嚴重耗損地力。莫拉克颱風重創後，林務局開始禁止農民種植，山葵一度走入歷史。直到山葵農產行老闆江金品引進日本品種交叉試驗，終於在海拔 1200 公尺的網室裡復育成功。

　　真正的山葵嚐來柔順不嗆口，「阿里山極邊山葵」推出了山葵醬、山葵醬油和山葵鹽多種佐料以推廣阿里山正宗的哇沙米。若買的是山葵醬，記得不要輕易將山葵和醬油和在一塊兒，而是先放一點山葵醬在食物上，再用另一面沾醬油唷！

【購買資訊】
📍 阿里山極邊山葵農產行、嘉義優鮮、拾間文化

洲南鹽場

Zhou Nan Salt Field

臺灣諺語:「曝一副鹽田,可飼一傢伙仔。」道出曬鹽曾是臺灣早年的重要產業,創造了百餘年的白金歲月。

清朝時期的臺灣有六大重要鹽場,多位處臺江內海沿岸,分別在今日臺南地區的「瀨北場」、

「瀨東場」、「洲北場」和「洲南場」;以及現今高雄彌陀一帶的「瀨西場」與鹽埕「瀨南場」。礙於水患氾濫,部分鹽場需要遷移他處重新闢建,鹽商吳尚新(也是臺南吳園的主人)便於1824年受臺灣知府鄧傳安之命,將原先在臺南七股的洲南鹽場遷

建至嘉義布袋的新厝仔。

清朝採用的曬鹽方式是「曬鹵式」，引用海水於蒸發池曬成鹽度更高的鹵水，再注入結晶池曬製成鹽，但為了應變南臺灣間歇性降雨的氣候，吳尚新在布袋的鹽場進行結構改良，將甕瓦敲碎成不規則狀並平鋪在結晶池內，使瓦片快速吸收輻射熱以增快鹽的結晶速度，進而擴增單位面積的鹽產量。

曬鹽是人力勞動相當密集的產業，布袋的全盛時期的鹽工總數達上千人，但隨著時代變遷，進口成本遠低於自產，臺鹽開始以澳洲粗鹽製造食用鹽，國內的鹽場陸續廢曬，洲南鹽場也在2001年走進產業歷史。

轉折點在於有臺灣「鹽承續」之稱的蔡炅樵，他是土生土長布袋人，原以為兒時鹽業的記憶，全都風化為過去；但身為布袋嘴文化工作室負責人的他，承接鹽業文化的保存紀錄工作，走訪布袋、鹿港、台南、高雄等地，挖掘老鹽工的口述歷史，沒想到不僅號召老鹽工回到鹽場傳承技藝，也讓荒廢七年的土地，淬煉出一條環境保育之路。

面臨廢曬後的土壤淡化，海水

留不住，高的地方水會滲漏，低的地方會變噴泉，所謂的「曬鹽先曬水，曬水先曬土」，由於鹽田需要堅實的土質結構，蔡炅樵便先跟臺鹽買鹽撒回土地，花兩至三年的時間養鹽氣、培地力，再把海水重新引回來，靠著大自然的海風吹拂、陽光照曬，當海水鹽度濃縮到 25 到 29 度之間，氯化鈉便可結晶。重生鹽田的訣竅別無他法：「水地風光人曬鹽。」除了仰賴大自然關照，還需要人努力勞動，才有產收的鹽，所以他再花了兩年的時間調整鹽場品質，終於在 2008 年復曬鹽田。

老鹽田的再生，面對時代也適當轉型。除了曬鹽，洲南鹽場更積極推動鹽田生態保育導覽，提供客製化鹽業文化資產的體驗活動，人們可以藉此認識不同季節的結晶風味與適合的烹飪方式，例如：春季結晶速度快的粗鹽，適合醃製與鹽焗；或是冬天日照時間短，結晶速度慢但礦物質多的霜鹽，適合煮跟炒。

來一趟洲南鹽場，我們都將成為餐桌前的星探。未來享用牛排時，不再被眼前垂涎欲滴的肉質所矇騙，而是能發掘珍饈美饌後的隱形推手──嚐到鹽精細之處的美味。

📍 嘉義縣布袋鎮新厝仔 402 號
🕐 08:00–17:30，鹽田導覽體驗請先致電預約

義興嘉釀

Yi Xing Chia Niang

每一門傳統產業的轉型背後都是一個家族故事。

　從嘉義發跡的義興嘉釀，得先經過蜿蜒窄小的田間小徑，才能抵達這座家傳三代的義興醬園。「徒步擔出醬油間」是義興嘉釀的起家寫照，家族的醬油故事始於 1949 年，由第一代製醬人鄭崑山擔著醬油沿街叫賣，足跡遍及嘉義縣市的大街小巷，才讓這甘醇滋味慢慢成爲庶民生活中不可或缺的一部分，1963 年正式登記商號爲「義興號」。

　第二代鄭國涵加入醬油醬菜公會後，大量開拓訂單銷量，透過醬油代工的規模化生產扎穩市場根基，從原先零售的方式走向工廠經營，

產品大量流通在攤商小販之間。第三代接班人鄭棋維應對時代日益重視食品安全，逐步建立標準化作業流程，並更新工廠的軟硬體設備以確保產線的衛生環境；同時將義興號更名爲「義興嘉釀」，開始著重自有品牌的形象經營。

依循市場變化前進的三代家傳經歷，守住的核心原則是堅持手工古法釀造。有別於一般經濟實惠的醬油採用脫脂豆片爲原料，義興嘉釀則是使用完整黑豆作爲釀製基底，經過清洗、蒸豆、冷卻、放入麴粉發酵、靜置約 48 小時後翻麴，一週後再進行洗麴入甕，才算正式進入慢慢積累風味的環節。

純釀的精華至少需要等待 180 天的日曝，受嘉義日夜溫差大的氣候特性所賜，釀造過程的微生物反應劇烈，逼出風味層次。職人精神不甘於此，園區選用少見的二次釀造工法，先取用耗時四個月釀製的一次釀造生醬油取代鹽水，再添加新製豆子混合發酵，因願意比一般醬油製程多出兩倍的原料與時間成本，加上地理位置與人爲的加乘效應，回饋的醬香也更加醇厚適口。

　　遵循網路公布的園區開放時間，民眾皆能自行至義興醬園感受純樸的釀造流程，現場可以自由選擇是否需要導覽。園區從歷史製醬展區開始，除了清楚介紹製醬過程的來龍去脈以外；家族也保留著早年的傳統機具，展區可以看到醃製醬瓜前使用的切瓜機、手動洗瓶機和自動洗瓶機；幸運的話，還能親眼目睹甕裡的釀造過程與古早的繩綁瓶絕活，鄭棋維分享：「有段時間是紙箱裝瓶，但小吃攤常常在洗刷器皿門面，紙箱若不小心因此沾濕就皺成一團了，後來決定恢復過往人工綁繩，直接捆著一束出貨。」

　　另一方面，還有醬油研發室、現代製醬展區和現代填充區可以實際觀看醒麴、充填封裝的生產線（釀造廠的實際狀況請依照現場的季節作業為準）。十人以上的團體可以提前一週至官網預約醬油 DIY 的手作體驗遊程，包含釀造一甕黑豆蔭油以及醬煮專屬的隨身醬油兩項手藝，親身感受從產地至餐桌的誕生歷程。

　　散客可以擔任購物專門戶，看是要買瓶蘊藏 540 天日曬熟成的精釀醬油──「臺灣嘉釀」、沾炒滷燉皆萬用的「厚味甘露」、收攬多種醬香古味的拼裝禮盒，或是搭配蔭油料理的經典醬菜，樣樣讓人心癢癢。這般以家為核心的匠人精神，想必回到家怎麼煮都將是鮮明的幸福醍醐味。

梅問屋梅子元氣館

Ume Tonya

📍 嘉義縣梅山鄉中山路 527 號
🕐 08:00–17:30

　　此處隸屬於 1967 年創立的誠松泰食品工業股份有限公司，最初是間以竹筍和青梅爲主的食品加工廠。1980 年代迎來了黃金外銷期，梅子成爲繼香蕉後出口至日本的大宗農產品，甚至賺進大把外匯，繁榮梅山經濟。

　　隨著日本梅樹種植產量增加與臺灣工資升漲，不少製梅業者在 1990 年代紛紛遷移至人力較便宜的中國設廠，誠松泰也是其中之一。創辦人廖瑞慶先在廣東專精生產並取得與日本廠商合作的機會，研發獨家的烘烤技術，打入日本便利商店市場。

瞬間高溫加熱至 500 度的燒梅，梅子裡的檸檬酸與糖分結合會產生益於新陳代謝的新成分，重振產業商機的誠松泰成功從加工製作轉型至技術本位。在梅山起家的廖瑞慶，始終沒有忘記將成就帶回家鄉，於是他回到臺灣經營國內市場，以日式嚴謹工法製作臺式風格的梅子。工廠也成為民眾親近梅子的媒介，結合觀光產業邀請民眾一睹生產線現場。

每年 4 月清明是梅子的產季，水洗、大小分級再入池醃製，「殺青」則是梅子美味的關鍵，經過粗鹽搓揉，可以殺菌又能祛除苦澀味。醃製 30 天以上之後，接著就得藉助陽光的熱能，將梅子送進日曬屋降低水活性，達到天然的防腐效果。吃梅子不用吐籽是種細微幸福，梅問屋多了道手工去籽的作業程序，剔除蒂頭、壓桿去核，延伸出數種無籽 Q 梅產品，尤其辣梅特別適合作為下酒小點，小小一口卻相當勁辣過癮。

商品種類遍及梅製飲品、嘴饞零嘴、濃縮梅精和提味罐頭。鹹梅醬能去除肉類腥味、芝麻梅醬適合夏日的沙拉涼麵、遵循古法釀製的古味梅是梅子雞的滋味精髓，若想要像日式便當那樣講究，一顆黃澄澄的御膳梅放在米飯頂端，簡直可口無比。這下可好了，望梅非但沒有止渴，反而更開胃。

📍 嘉義縣水上鄉大崙 155 號

🕐 08:00–17:00，除夕休館

品皇咖啡觀光工廠
Ping Huang Coffee Tourism Factory

2023 年從太保舊廠址正式遷至水上的品皇咖啡觀光工廠，佔地面積廣達 6000 坪，以免門票、腹地深廣的停車場和免費咖啡供應成爲熱門的景點。豪邁的經營風格，背後是國內最具規模的咖啡生豆進口商「后政企業」，營業項目專攻烘焙咖啡豆、即溶咖啡、各式各樣的咖啡設備用品、技術加盟門市，同時也是器具批發市佔率最大的通路，從生產、批發到品牌零售一條龍，深耕臺灣咖啡市場。

經國際咖啡組織（ICO）調查，臺灣咖啡市場年產值約 800 億，這股突飛猛進的黑金勢力，讓出身嘉義義竹的后政企業創辦人洪明寶 30 年來的堅持化爲甘霖。最初是水果盤商的他，初期靠著腳踏實地的草根精神，騎著機車、載著一壺咖啡到大大小小的商家掃街推銷起家，如今已擴張爲插旗全臺百間連鎖店的事業版圖。

這裡以淺顯易懂的方式展示咖啡知識，透過產地、烘豆過程至風味的動線設計，逐步累積大眾對咖啡產業的認知雛形。最終的商品展售區猶如氣勢磅礴的戰場，數百種旗下商品看得人心神搖盪，荷包也岌岌可危。

Recommand Route

3

推 薦 路 線

民
雄
一
帶
攻
略

許多人心中都有一座市場，可能是清晨破曉前的霧濛，可能是接近中午時刻充飢的容身之處；也可能是踏著慌亂腳步，採購結束即匆匆離去備飯的地方，各有各的時序。

民雄市場
Minxiong Market

10:30
民雄市場
↓
11:30
鵝肉一條街
↓
12:30
來杯冷飲或咖啡
↓
14:30
旺萊山 - 鳳梨文化園區
↓
19:00
享用晚餐

百年歷史的「民雄市場」，是地方日常採買的必要區域。因應蔬菜肉販的往來人潮，裡頭也蘊藏一些個性鮮明的特色小吃 —— 像是當地居民司空見慣的「四腳仔」，你能在市場嚐到清燉青蛙湯、紅燒青蛙和炸青蛙這類的野味料理。若同團的人有過不去的形體障礙，歡迎至口味較清甜的「錦源飲食攤」，勇者吃青蛙米粉，觀戰者則可以點虱目魚料理，這裡豆豉提香的甘甜湯頭口口勾出埋在童年回憶深處的懷舊滋味。

　　市場外的「家鄉味芋頭餅」是不容小覷的隨手小點，填充芋頭餡泥下鍋酥炸，賣相樸實，入口後卻意猶未盡，回購率高，簡直是隱形的熱量殺手。

民雄市場

📍 嘉義縣民雄鄉中樂路 55 號

🕐 06:00–14:00（依照各攤商營業狀態而異）

錦源飲食攤

📍 民雄市場 82 攤位　　🕐 06:00–12:00

家鄉味芋頭餅

📍 嘉義縣民雄鄉中樂路 53 號

🕐 06:00–17:15

鵝肉一條街 Goose Street

至於逢年過節經常大排長龍的鵝肉一條街，店家其實有分蒸炊和水煮兩種派別，各有擁護的客群。據民雄的七星藥局吳至鎧藥師分享，第一間鵝肉店是賴太郎插旗，抹上一層薄鹽後使用蒸籠炊熟，肉質彈性；台一線的阿君鵝肉曾是賴太郎的學徒，延續蒸炊做法。其他像是：正宗民雄鵝肉亭、鵝肉慶等名店，多數採用水煮後泡冰水，以鎖住肉汁，上桌前再淋一次鹽水湯汁，鮮味充足。

正宗民雄鵝肉亭
📍 嘉義縣民雄鄉和平路 33 號
🕐 10:30-19:30

民雄鵝肉慶
📍 嘉義縣民雄鄉和平路 25-1 號
🕐 09:00-21:00

龍喜嗲現泡茶、慢靈魂

Long Stay & Slow Soul Coffee

吃飽想來杯手搖飲，Long Stay 會是解膩處方。乍聽毫無頭緒卻是人氣冷飲「Long Stay 龍喜嗲現泡茶」的簡稱，也是目前嘉義地區才喝得到的連鎖飲料店。飲品現點現泡，推薦清新回甘的高山青和烏龍，就算無糖也不會有苦澀感。

若想要在民雄市區找個地方慵懶歇著，發燒友熱愛的「慢靈魂咖啡館」是個人首選，透過黑膠、音響和咖啡匯聚知音，在這裡沒有比聆聽音樂還要更崇高的事情，搭一杯髒髒拿鐵和招牌檸檬塔，便能消磨午後的閒適時光。

Long Stay 現泡茶（龍喜嗲－民雄總店）

📍 嘉義縣民雄鄉東榮路 42 之 1 號

🕐 10:00–21:00

慢靈魂

📍 嘉義縣民雄鄉復興路 93 號

🕐 10:00–19:00，不定期公佈公休

173

旺萊山 - 鳳梨文化園區
Pineapple Hill

　　或者，往擁有鳳梨田大學之稱的中正大學方向前去。鳳梨種植面積超過七百公頃的民雄，每到鳳梨產季，空氣裡都會瀰漫著酸甜的果香氣息。為了宣揚民雄的鳳梨農產，民眾只要前往「旺萊山鳳梨文化園區」，就可以在舒適的冷氣房裡享用一塊土鳳梨酥和一杯鳳梨酵素，並透過園區解說牌來認識各種品種的「鳳梨世家」。

　　附近還有一間深受闔家大小喜歡的「琪琪健康舖」，販售百分之百新鮮自然的手工優格和果醬。初次造訪可以試試招牌鳳梨桑椹果醬水果優格，中份與大份的差別在於使用四種或八種季節水果，口味多清爽，回訪的意願就有多濃烈。同步推薦季節限定的鳳梨番茄汁，吃夠了水果，舒緩了暑熱，簡直是輕盈好日子。

旺萊山鳳梨文化園區
📍 嘉義縣民雄鄉三興村陳厝寮 1-3 號
🕐 09:00−17:30

琪琪健康舖
📍 嘉義縣民雄鄉三興村 27 號
🕐 09:00−18:00

渡對　Do Right

　　民雄身為嘉義縣最多人口的鄉鎮，適合團體聚餐的家常菜選擇同樣精彩。鐵道旁由舊碾米廠改造的餐廳渡對，用心製作各式創意料理。黃金烏魚子炒飯、蔬菜海鮮煎餅、苦茶油松阪豬飯、花雕雞和主廚鯧魚米粉湯……每一項主食都難以割捨，經常忍不住呼朋引伴一同大啖朵頤。食材跟著時節走，店內總有一些不在菜單上的品項，像是蓮藕搭配川耳、再拌炒梅花肉的「藕遇老鷹之手」，致敬民雄電影《老鷹之手》。在渡對菜單上有的是經典，沒有的都是多問一句的幸運擁有。

📍 嘉義縣民雄鄉東榮路 21 號
🕐 12:00-20:30，週一、週二公休

175

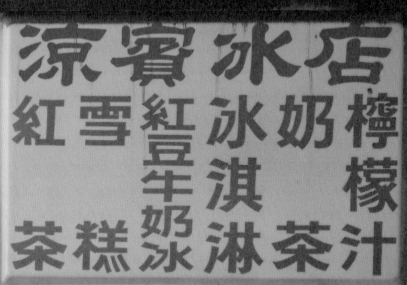

涼賓冰店

紅雪紅冰奶檸
　　豆淇　檬
　　牛　　
茶糕奶淋茶汁
　　冰

禁止三輪以
上車輛右轉

特色美食

Typical Food

某些美食特別質樸，

在長大成人看遍霓虹燈綠後，

每口單純滋味都是生活裡的中場休息。

將景點加入地圖

↓

戀舊晨食

Breakfast

　　中式早餐的迷人之處就是懂自己的魅力在哪裡。與西式早餐店的漢堡、三明治、帕尼尼和小點夯不啷噹一大筐的繁多選擇相比,中式早餐總是以幾個招牌就跟庶民日常一決勝負,各自分流餐食主題。他們大多不走清湯掛麵風格,而是滿滿的澱粉搭上印象深刻的醬料,讓人們吃完擁有飽足的氣力上工,朝氣蓬勃迎接新的一天。

煎肉粽

　　每年端午節慶便是 5 月粽大喇喇出現在冰箱的日子,家人朋友包的、公司行號贈的禮盒,若再不小心與朋友團購特殊口味,冰得冷凍庫滿滿都是,不曉得要捱到何年何月,才能將那些有稜有角的三角體通通吃下肚。

郭媽媽早午餐

📍 嘉義市西區保安四路 60 號

🕐 06:00-13:00

程老爹早餐吧

📍 嘉義市西區重慶路 88 號

🕐 05:30-12:00，週日公休

　　早年，長輩們傳承了古時惜食的精髓，會將多餘的粽子切成片狀，入鍋油煎，高溫將糯米表面煎得焦黃，有滋有味的「恰恰」口感是過節後消滅肉粽的外掛模式。打上一顆雞蛋則是升級版本，讓蛋液依附著肉粽的形狀在鍋裡流竄，確實成就更上一層樓的澎湃。不過，據說這樣的煎法比較適合水煮派的南部粽，熱度將花生的香氣盡釋，綿密的糯米嚼在齒間，不黏牙的懷舊感譜出粽子派系之外的獨立樂章。

　　若想嚐嚐這樣的家庭手藝，嘉義部分店家也將煎肉粽轉變為特色餐點，像是保安四路的「郭媽媽早午餐」、重慶路的「程老爹早餐吧」一年四季皆有供應煎肉粽，煎檯上滋滋作響的油脂聲，盤盤皆是難以抗拒的澱粉誘惑。

煎粿

　　我將雞肉飯、米糕、魚湯和煎粿列為心中嘉義早餐的四大天王。畢竟以上四類只要在 Google Maps 輸入關鍵字，便能得到洋洋灑灑一大串名單，尤其市區特別密集。其中自成一派武林的煎粿，不少店家都會提供煎甜不辣作為副餐如影隨形，有些長輩到煎粿攤販前喊著我要大份加「條仔」，就是指長條狀的甜不辣。

　　既然都有甜不辣了，煎粿店家當然物盡其用，所以攤位菜單常見的

綜合湯，內容物分別是丸子、油豆腐和甜不辣，刷盡存在感。明明是講煎粿卻花了不少篇幅介紹甜不辣，也算是另外一種「嘉義製造」的飲食風格。

　　身為嘉義常民生活的熱門早餐之一，前站的煎粿攤販簡直刻刻如戰場，煎檯聲粗獷、人喧譁，我偏好至後站幾間不疾不徐的步調，尤其是國華街煎粿。

　　騎樓下的煎粿小攤搭棚，連接隔壁廢棄的樓房，幾張桌子隨意擺放，多是獨自前來的客人邊滑手機邊叉著煎粿入口，可能就是太日常的街景了，氛圍寂靜，一切輕描淡寫。唯有火車經過時，不遠處的平交道會放下柵欄傳來「叮叮叮」的聲響，提醒歲月確實正在前進。

國華街煎粿

📍 嘉義市西區國華街 378 號

🕐 06:00–11:30，週六公休

手工蛋餅

在工業化大量生產的巨獸餵養下，只要膽敢標示如此吃力不討好的「手工」兩字，就像流星劃破黑夜那般的閃亮存在——手工蛋餅的魅力也正是如此。

念念不忘的古早味蛋餅多是「粉漿蛋餅」，店家將自製的粉漿糊與青蔥一起在鋼杯中均勻調製成餅皮麵糊，小時候特愛聽早餐店老闆拿著長匙撞擊金屬的攪拌聲，規律、俐落宛如掀開一日之始的鳴笛，之後倒上煎檯，待麵糊的周圍漸漸塑形成固體。每間店特色各異，有些喜歡水水軟軟的餅皮感，方便全年齡的牙口；有些會添加較多的油，拉長煎的時間以呈現較脆的外皮。

手工蛋餅還有另外一種風格的製程，在揉製麵團的過程中加入熱水，讓麵粉吸水膨潤後產生糊化反應，形成黏性高且可塑性強的餅皮。猜測朴子海通路上的「手工蛋餅現擀餅皮」似乎屬於後者流派，店家拉著一團黏土般的麵團，現擀成一張張的餅皮，成品扎實、有嚼勁。老屋簷下的飯糰也不容小覷，不黏糊的長糯米被壓得平整，鋪上酸菜、肉鬆和炸得酥脆的油條，個人覺得加蛋是必須，才能目睹一大張蛋皮夾在其中的豪邁。

手工蛋餅現擀餅皮

📍 嘉義縣朴子市海通路 49 號

🕐 06:00-10:00，週三公休

碗粿

　　沿著碗內緣劃一圈，上頭畫個十字，接著把 1/4 的碗粿翻起，空隙處再淋入醬油膏和蒜醬，是許多人吃古早味碗粿的樂趣儀式。這款常見於過年過節與祭祀場合的米食，在臺灣文化並不陌生，但要做得令人印象深刻依舊是一門學問。

　　台三線上的「鈴蘭碗粿」選用嘉南平原生產的在來米「秈 26 號」，每天手工限量製作 120 碗。先將純米磨製成漿，澱粉和熱水攪拌成黏稠狀，接著在器皿裡放進拌炒的豬肉、香菇、蝦仁和油蔥酥，倒入米漿炊蒸，最後放置冷卻成一碗 Q 彈的口感。燉得軟爛的肉骨酥湯和米糕皆為碗粿的最佳佐餐，吃得油油亮亮的碗底正是阿里山下熠熠發光的晨時美景。

鈴蘭碗粿

📍 嘉義縣中埔鄉同仁 42-4 號

🕐 05:30-11:30

椪皮麵

Pork Rind Noodle

　　椪皮就是炸豬皮，有些地方又稱爲爆皮。早期農家爲了惜食，將人們不愛吃的豬皮，透過水煮、曬乾、油炸又滷製的加工方式昇華爲QQ脆脆的口感，最後淋在小吃攤的白菜滷、麵食或羹品上增添風味，畫龍點睛。

　　在嘉義提到椪皮，屬民雄最爲鮮明。民雄人吃椪皮麵的文化淵遠悠長，這一款懷舊積聚成地方的 DNA，像是民雄市場內以油麵批發零售商起家的「澤雄麵食攤」、民權路上以手工貢丸著名的「民雄椪皮麵」；還有熟客戲稱加魚丸與滷蛋的麵爲完蛋麵的「民雄原大士爺廟

旁傳統老店擿皮切仔麵」。在甚少攤商願意自製椏皮的現代，他們秉持手工製作，爲民雄人傳承最經典的時代滋味。

　　椏皮的製程相當繁複，以市場老店澤雄麵食攤爲例，何大哥每週在營業時間外還有三件得分天完成的例行公事：切椏皮、曬椏皮和炸椏皮。先把豬皮分批放進熱水中汆燙半小時，過程中得一直站在熱氣直撲的鍋爐前攪拌，避免鍋底的豬皮燒焦。火候的控制也是重點，不能把豬皮煮得太軟，以防之後炸不起來。

　　撈起豬皮浸泡冷水冷卻，接續刮除上頭的油脂層，切成細長小塊。看似不起眼的過場流程卻是影響椏皮品質的關鍵，油脂層處理妥當才能避免後續日曬時，曬出濃厚的油耗味；同時也預防入油鍋炸椏皮時，因油脂太多導致油爆。每一個步驟皆是手工，收攤後至少得再作業四小時，才算備好一週椏皮的份量。

　　備料的過程以天數切割，切塊的豬皮還得仰賴嘉義的陽光曝曬，冬天需要三到四天的好天氣，夏日烈陽則是需曬個兩天，待水分全部蒸發的豬皮進化成琥珀色的水晶體，稍稍一搖晃竹籃，滿是響脆的聲音。

　　接著，終於進到炸豬皮的環節。在油鍋中放入冷豬油，隨後倒入曬乾的豬皮吃油，等待豬油從凝固逐漸融化得金黃澄透，鍋內開始燃得滋滋作響。原本片狀捲曲的豬皮，漸漸成爲脆脆的弧面狀，最後泡浸至焦糖色滷鍋。

　　有些店家不直接寫椏皮麵，而是沿用手抓麵的動作標示「抃（lak）」仔麵，先把大火翻炒過的傳統油麵閒置在圓盆中；待客人點餐後，服

澤雄麵食攤

油麵批發零售	抗仔麵	炒米粉	炒麵	煮米粉	煮麵	筍干排骨湯	冬瓜排骨湯	苦瓜排骨湯	冬瓜排骨酥湯	苦瓜排骨酥湯	苦瓜丸湯	魚丸湯	魯蛋10元
	30	60	60	60	60	30	30	30	30	30	30	15	

務人員再上下翻動麵條增加蓬鬆，麵體富有韌性。另一個派別的民雄椪皮麵，則是等客人上門後，依序將麵球放入笊籬，再放到鍋爐煮熟，麵條也較爲滑嫩；這間在嘉義市的興業東路亦有分店。

　　翠綠韭菜與清脆豆芽點綴麵條，舀上幾匙豬油的滷汁與蒜泥提香，澆淋吸飽滷汁精華的椪皮結尾，碗裡美味尖如一座小山，嚐來鹹香且不膩口。每間各有所長，然而繁瑣的手工流程到了餐桌仍舊物美價廉，油亮剔透的椪皮得來不易，家常卻隆重。

澤雄麵食攤

📍 嘉義縣民雄鄉中樂路民雄市場 58 攤位

🕐 07:00-13:00，週一公休

民雄椪皮麵

📍 嘉義縣民雄鄉民權路 2 之 13 號

🕐 06:00-19:00，週日提前至 16:00 打烊，週一、週二公休

民雄椪皮麵 嘉義分店

📍 嘉義市東區興業東路 30 號

🕐 11:00-20:00，週一、週二公休

民雄原大士爺廟旁傳統老店挫皮切仔麵

📍 嘉義縣民雄鄉復興路 60 號

🕐 11:00-13:45、16:00-22:30

魯熟肉
Side Dish Platter

　　美食背後潛伏著一絲看不見的演進軸線。魯熟肉是嘉義地區「黑白切」的總稱，店家俐落的刀法剁剁劃切，揮舞出一盤古早味十足的珍饈美饌，滿足眾生的食慾饞相。

　　魯熟肉攤多是氣勢磅礴的內臟大軍，從豬舌、喉管、豬肝、肥腸、粉腸、軟管、豬心、肝連、豬肺、地瓜豬血到松阪脆肉，目不暇給的選擇簡直是給初次嚐鮮者來場生物課大考驗，還得以刪去法猜測對應部位。

　　淋漓盡致的甘旨來自過往的節儉習慣。早年物資困頓，一般家庭唯有逢年過節才有可能嚐到肉汁的鮮美，為了讓每一部分的食材都能被妥善利用，小吃攤將屠宰後的動物臟器洗淨後去腥川燙；或基於延長食物保存時間，以滷汁分段燉煮豬頭到豬尾，因此有些攤商也會標示成「滷熟肉」的寫法。

　　嘉義的魯熟肉攤還有外縣市罕見的「蟳糕」，有些店家用魚漿，有些用豬油渣，混入蔥、蛋、荸薺和十幾種蔬菜剁碎混合，下鍋蒸成一塊塊鮮黃色的方體，再切塊蘸醬食用，如同太陽餅內沒有太陽，蟳糕裡面也沒有紅蟳肉，是早年吃不起螃蟹所以聊勝於無的智慧研發。在豬血糕中塞入地瓜餡絲的特色，總會吸引外地朋友驚呼，在魯熟肉攤前無論猜不猜得出眼前為何物，看得出的餐點驚奇亦然。

備受嘉義人光顧的魯熟肉，常耳聞的店號有四攤，依照營業時間順序分別是東市場魯熟肉、西市魯熟肉、黑人魯熟肉和羅古早味，「嚐來不腥」是魯熟肉的基本適口原則，各家有自己的處理手腕。一盤魯熟肉搭配攤商親自調配的獨門醬汁，揉合高湯、糖、蒜蓉和山葵的甜嗆滋味，成就嘉義街邊小吃不可或缺的一部分。

東市場 & 西市場魯熟肉

早上 8 點就營業的東市場魯熟肉，粉腸顏色特別豔麗，畫面張力強；可以請老闆依照預算隨意切，解決杵在冰櫃前遲遲無法決定的徘徊。1942 年創立的西市魯熟肉，第三代蔡老闆擁有閱歷無數的國內外餐飲經驗，大江南北濃縮在店內近 80 種品項，烏龍茶燻梅花肉和烏龍茶燻豬舌都是掌勺多年的創意表現，來盤綜合魯熟肉搭上一壺土瓶蒸一直是我的西市場儀式。

東市場飲食區 18 號攤位
🕐 08:00–15:00，週三、週四公休

西市魯熟肉
📍 嘉義市西區國華街 245 號 6 區 2 號
🕐 10:30–19:30，週三公休

黑人魯熟肉

　　黑人魯熟肉則是專攻下午茶時段，營業日限定供應四小時。由豬橫膈膜手工包覆的肉捲，搭配荸薺、芹菜和蔥花妝點清脆口感，將新鮮旗魚漿現灌現煮的手工旗魚腸和紅燒松阪豬同是暢銷手路菜。

📍 嘉義市東區共和路 84 號
🕐 14:00-18:00，週一公休

羅古早味

　　中山路上的羅古早味沒有店名招牌，橫掛在攤販上方的巨幅斑斕僅列出販售種類，圈一個大圓兜出店內的麵食本題，半遮半掩地覆蓋原有的美容院招牌。雖說招牌上的魯熟肉只佔一格位置，但當鐵門拉開，全是平攤而放的新鮮食材，坦白直接。羅古早味的湯頭都是用看得到的熟肉部位燉煮出鮮甜精華，加上天婦羅、蝦餅、芋頭卷和虱目魚頭，全是銅板精神的盛宴。

📍 嘉義市東區中山路 190 號　　🕐 11:00-20:00

草魚湯

Grass Carp Soup

　　洋蔥式穿法是嘉義人的穿衣準則。不曉得大家有沒有發現，每年寒流一來，嘉義時常是氣象報導裡平地最低溫的地區。原因在於嘉南平原的空曠地形，加上輻射冷卻效應讓地表溫度快速下降，我們已經習慣溫差甚大的穿脫本領：中午可能只穿一件短袖仰賴冬陽，但早上跟傍晚後都得套件大衣，避免冷得打哆嗦。

　　如果問，什麼是嘉義的驅寒祕方，在碟子裡抹一點山葵、淋點蒜蓉醬，叫一碗暖和的魚湯是不會吃虧的度冬配方。隨著海線人口遍佈嘉義縣市，地方其實有許多主打「魚粥」和「魚湯」的料理餐館，除了虱目魚這種臺灣常見的經濟魚種外，餐館菜單還會出現肉質彈韌的「草魚」。

　　嘉義、臺南一帶的養殖，為了避免魚群與蝦群間病害的感染，會在魚塭裡混入草魚飼養，豐富池內生態。負責吃掉池底水草的草魚成為最佳清道夫，不僅能減緩池水優養化，漁民也不需向池子投放除草劑，以達到遵從天然的飼養方式。

　　物美價廉的草魚，大隻肥美、刺粗好挑，膠質又多，深受饕客厚愛。草魚湯和草魚粥嚐來完全不同滋味，清澈的湯頭撒入載浮載沉的蔥絲，喝起來沒有土味是店家的真功夫；若加了粒粒分明的米飯燉煮的草魚粥，則會多上澱粉的甜味。

阿文魚粥

　　這裡是朋友來訪嘉義時，絕對會出現的美食名單。品項繁多，除了主打的草魚和虱目魚外，攤位旁掛有小白板標示當日新鮮的魚貨，民眾可以直接在菜單上填入海魚的名稱和數量，煎檯滋滋作響，酥脆的微焦表皮令人欲罷不能。水裡來，火裡去，匯聚魚肉精華的海味，加上私心推薦的蚵仔蛋和季節限量的煎魚蛋，作為待客之道絕對不會「漏氣」。

📍 嘉義市延平街 191 號
🕐 06:30–13:30

勝興草魚粥

　　若想要吃遍草魚各個部位的料理方式，推薦南興路上的勝興草魚粥。有滷、炸、燉、燙等烹調方式，從魚頭、魚尾、魚身、魚卵、魚皮到魚腸，多變的排列組合等待旅人用腸胃解惑滋味。尤愛這裡的滷草魚頭，浸在橙黃透亮的湯汁裡，帶點清蒸的鮮美，筷箸就是我的肉質探測機，梭巡鰓蓋周邊的隱藏美味。

📍 嘉義市東區南興路 287 號
🕐 07:00-13:30、17:00-20:00，週二公休

新民路無名草魚湯

　　另外，還有新民路上的無名草魚湯，幾張不鏽鋼折疊桌擺放在攤位前，內用者默契地遞補空下來的座位；許多在地人會拿著不鏽鋼提鍋前來外帶打包。雖然價目表上僅寫著簡單品項，但草魚、虱目魚和蚵仔都可以變換做法，汆燙的東石鮮蚵、櫥窗裡的魚蛋小菜、草魚湯再搭一碗魯肉飯，著實幸福。

📍 嘉義市西區新民路 864-4 號
🕐 05:30-13:00，週一、週二公休

炸物

Fried Food

炸物或許不是現代人追求的健康飲食,但在心情不佳時,誘惑療癒的香氣依舊適合扮演救贖的綠洲。生活偶爾添加些卡路里,或許才有足夠的動力戰勝令人煩憂的世俗瑣事。嘉義炸物何其多,實在難把所有調解聖物好好端出一輪,有的是日常餐館、有的是炸物品牌,期待這些吮指美味都帶往情緒舒坦的康莊大道。

神廚什錦肉羹

每個縣市一定會有幾間在地人的私藏名單,那些外觀再樸實不過的地方餐館,老闆總會記得常客的喜好,平時即便一個人上門吃也沒關係,神廚什錦肉羹就是這樣的存在。幾張小桌散落,一人一個位置,碗裡的現炸排骨來自老闆親手醃製,剁成數塊平鋪在紅燒什錦的羹料上,湯湯水水之間又啃上幾口豐腴多汁的肉排,簡直是超標的幸福指數。若是新面孔的食客,老闆還會特別提醒一旁有免費供應的紅茶可以解膩,大概就是這種不經意的細節,讓大家一試成主顧。

📍 嘉義市東區公明路 308 號
🕐 08:00-20:00,週一公休

阿美炸雞

採用中藥自製胡椒鹽的阿美炸雞，香氣令人沉迷，吃起來記憶點十足。會墜入阿美炸雞的漩渦，全來自某位朋友每次都攜帶店內的白魷魚、紅魷魚這兩項海鮮炸物，前來參加聚會，富有嚼勁的肉質即便冷掉後依舊順口，絕對是令人念念不忘的美好滋味。

📍 嘉義市東區民權路 146 號
🕐 16:30–23:30

桃城炸雞

以全臺首創炸全雞風靡媒體的桃城炸雞，最初是一臺掛著超大雞排坊的推車起家，後來為了回饋鄉里，改名為嘉義市早年的稱呼「桃城」。2017 年恰好是世代傳承的轉捩點，二代回鄉重新進行品牌包裝並導入標準化的作業管理，鮮明活潑的經營風格，讓這個從 2000 年至今的老品牌，依舊站穩嘉義的炸物市場。

若不想門市等待，旅客可以透過線上點餐系統事前預約，或直接外送至旅宿。超值個人套餐主打暢銷 20 年的鎮店雞排、添加海鹽的雪花雞排和脆皮腿排；若是團體歡樂分享餐，可以嘗試獨門醬料醃製的

炸全雞桃樂雞，提前一小時預約現點現炸，將全雞裹粉兩段式下鍋，
如此豪邁放縱的金黃酥脆，拉著好友一起變胖也是一種情誼的致敬。

桃城雞排 中正創始店
📍 嘉義市西區中正路 698 號
🕐 15:30–22:30

大林火車站前臭豆腐
📍 嘉義縣大林鎮中山路 13 號
🕐 12:00–19:30，週一公休

梅山衛生所旁臭豆腐
📍 嘉義縣梅山鄉華山路 20 號前
🕐 14:30–18:00，週日公休

興加臭豆腐
📍 嘉義市東區興業東路 191 號
🕐 14:30–00:00
週一、週二公休

臭豆腐

每每提到代表性炸物，怎能錯過臭豆腐？外酥內軟的金黃方體，搭配爽脆清涼的泡菜再沾點辣醬，這種遊走水火之間的漫溢油香，讓人一口接著一口。

「大林火車站前臭豆腐」名列前茅，被譽為中南部不可錯過的臭豆腐名單之一，店家特製的小魚乾辣椒更是畫龍點睛的最佳提味。「梅山衛生所旁臭豆腐」則是耐吃的樸實滋味，用料實在、一切得宜，屬於天天吃也不會膩的派別。

興業東路上的「興加臭豆腐」是嘉義人集體的氣味回憶，只要騎車經過中油路段，撲面而來全是臭豆腐的臭味。言行不一大概就是應用在這時候，雖然眾人總嘆著好臭，但還是巴不得趕緊卡到位，坐下來嗑掉一盤罪魁禍首。

解饞小點

Side

　一日三餐，但我們總會不小心在正餐之間又塞進解饞的小點，我把這些每次不小心多出來的熱量，歸類爲某些人確實做好許多不起眼小事的讚譽。廝殺得如此激烈的美食江湖，衆多店家爲了守住存活之道，堅持下來的料理細節都是爐火純青的層層堆砌，他們不欺不搶正餐的光環，卻也得以跨越門檻成爲街頭經典。

生炒螺肉

　「江湖一點訣，說破不值錢。」文化路夜市裡的生炒螺肉攤車以神祕感堆築，沒人看得到店家究竟在鍋鏟的搏鬥裡施展什麼魔術，數十年來他們單獨靠著一樣料理──生炒螺肉，奠定美食戰區不可撼動的地位。

　大小份的規格，新鮮的屏東螺肉與九層塔、蒜頭和辣椒一起快炒，可自由選擇不辣到大辣五種程度，最後沾上獨家調製的甜味嚕蘸料，一盤入魂的經典吸引顧客長年的死忠追隨。建議辣度選小辣以上，辛辣與甜醬的拉扯更能提升生炒螺肉的層次滋味。

📍 新址搬遷至文化路與延平路口
🕐 15:00–22:45

197

古早味肉燦

　　臺灣小吃有一條不成文的紅店條款：桌子越黏美食越勾人。不是間間適用，但每個縣市一定都有幾間小吃攤忙得不可開交，用抹布揮個幾下就得無縫接軌，迎接下一批來客，例如：布袋古早味肉燦，便將人氣理念貫徹始終。看似一般住宅平房的古早味肉燦主要經營在地生意，鄉親自在拉開紗門，宛如踏進自家廚房；也有旅人千里迢迢而來，慢速在鄉間小路尋香，就怕錯過肉燦的金黃酥脆。

　　可能第一個設定地標的人將錯就錯，肉燦在 Google Maps 上的地標是「肉碟」。燦也不念ㄅㄧㄝˊ，而是兩種意想不到的讀音。名詞的念法是「ㄧㄝˊ」，象徵火光；將食物置入熱湯或熱油中的動詞用法則是「ㄓㄚˊ」。

　　高溫起鍋的現炸肉燦，咬下去有明顯的清脆聲，裡面有醃製過的肉角、洋蔥、蔥花和薑末，神來一筆的薑味為記憶裡的關鍵標記。其他還有豆菜麵、菜頭肉羹、竹筍肉羹和麵羹湯，每天吹著鹹鹹海風看風浪臉色吃飯的海口人，或許就是貪戀一桌平實無華的人生之味，順順的最好。

📍 嘉義縣布袋鎮江山里 150 號
🕐 07:30-18:00，週一公休

林森東和香腸

烤香腸勢必是臺灣小吃的主力之一，廣泛出現在球場、練歌場、公園、夜市或街邊，明明從小吃到大，但每當聞到熱油滋滋的香氣，誰都再次情不自禁，上前喊個一組！

東和香腸簡直就是我們生活周圍的粗暴美學，一條條生香腸袒胸露腹，鮮紅聚集成一整片肉海，不容路過的目光有任何轉圜的餘地。下午開業後就是馬不停蹄的生產線，無止盡躍進油鍋的大腸、煎檯上油汪汪的滿版香腸，砧板接續不斷的剁段裝盤，生的熟的？直接吃？要不要切？一盒盒豪邁的美味蝕損在眾人齒牙之間，夾個蒜頭、配些嗆辣的薑片，直爽磊落的國產豬肉滋味就是這裡總人滿為患的硬道理。

📍 嘉義市東區林森東路 598 號
🕐 14:00-19:00，週一公休

新港臭酸麵

　　臭酸麵是新港奉天宮前的古早味乾麵，不同於一般攤販常見將肉汁淋上麵團，這裡是將一小坨意麵燙熟後瀝汁，迅速攪拌油蔥酥、鹽巴和關鍵的特調烏醋，嚐來悶酸悶酸。最初在菜單中規中矩標示乾麵，但外地香客常以為買到臭酸的麵，於是老闆乾脆直接痛快地更名為「臭酸麵」，不服輸的瀟灑霸氣外露，這下所有吃客終於心服口服。

📍 嘉義縣新港鄉中山路 37 號
🕐 11:00–00:30，週四公休

熱炒精華
Stir-Fries

　　鍾愛臺灣的熱炒文化，因為它完整了單人無法實現的貪嗔。一人胃囊容量有限，總得在餐點之間取捨，但每到熱炒場合就能集結眾人之力橫掃一輪菜單，道道累計彼此的喜好總和，你選一樣冷盤、他挑一道鮮魚、我劃一盆湯品，匯聚一桌飯局的樣貌。在喧鬧的交談裡，乾杯下肚的是心情，動筷大啖的都是與某些人特別親近的時刻。

阿宏海鮮熱炒

　　嘉義後站的阿宏海鮮熱炒，有股說不上來的江湖氣，通常我們在餐廳用餐，總能大概推估其他桌客人的身分職業；但在阿宏時常一無所獲，每桌客人來歷全像蒙上一層面紗，摸不著也猜不透。如此生猛剽悍的場合，偏偏店家給你一記反差萌，以皮卡丘、小叮噹、史努比和頑皮豹命名包廂名稱，似乎誰喬事情談到火氣上來，轉頭一瞥都能化成噗哧一笑。

　我喜歡坐在吹拂晚風的露天座位區，與朋友共同承擔龍蝦沙拉三明治的美味熱量，越滾越鹹香的白鯧米粉湯，一年四季甘之如飴。熱炒店外還有一項交通奇觀，每到熱門用餐時段，四線道的外側會變成看不見底的汽車停車場，懾服於美食的潛規則總讓外地友人顛覆三觀。

📍 嘉義市西區友忠路 511 號
🕐 17:00-01:00

佳鶯風味餐

　隱沒山林的佳鶯風味餐，是內行老饕的私藏名單，主推地方農產入菜的特色佳餚，有機檸檬醃漬的「鹹檸七」是夏日造訪的機會限定。招牌「苦茶油雞」是在熱鍋中倒入山區自產的苦茶油，以薑片煸香後放入塊狀雞肉翻炒，金黃酥脆成為大快朵頤的白飯小偷。

　饕客慕名而來的還有「中埔八寶團圓湯」，有綿密麻糬口感的台灣原生種山藥結合大量道地食材，像是菇類、蘋婆、芋頭、老薑、黑木耳、栗子和自養的放山雞，燉出滿鍋真材實料載浮載沉，喝來卻清爽，是一桌令人樂而忘返的鄉間美味。

📍 嘉義縣中埔鄉石磜村 47 附 32 號
🕐 10:00-20:00，週三公休。

海賓海產

　　海賓海產是我接觸熱炒文化的啟蒙，剛剛好的規模與氛圍形成獨到的鄰家氣息，要在街邊座位喝得酒酣耳熱，還是在裡頭圍成一圈竊竊細語，海賓總能滿足各式需求。雖然海產展示檯有標示一些品項，但在這裡想要正中下懷就得張口向阿姨詢問，她會俐落地指出種類與烹飪方式的最佳解：「乾煎選黃魚，肉質嫩刺又少！」「今天有新鮮竹蛤，炒得辛辣好下飯。」「中卷換個三杯吃法要不要？」一來一往自然在心中擬出專屬的海賓菜單，推薦包有白醋的炸春捲，絕對是嘉義特色的內行指標。

📍 嘉義市西區垂楊路 556 號
🕐 17:00−00:00

1961 海鮮碳烤

　　桌桌一桶油雞飯是 1961 海鮮碳烤的用餐標配,多數人就是爲了扒飯而來。帶皮細嫩的雞片豪邁覆蓋在白飯上,翠綠蔥花是最佳的盤飾妝點,讓人迫不及待用湯匙來回攪拌,好把每一處的米粒全染上醬汁油香。這一刻沒人會去計較澱粉的份量,因爲老闆獨家發明的炸壽司也是必點,海苔裹著醋飯油炸,放上晶瑩剔透的鮭魚卵,畫龍點睛的美乃滋讓每口都鹹甜鹹甜。菜單上擁有比讚圖騰的品項通通不容忽視,像是韭黃臭豆腐看似簡樸,但每一口都臭得有勁,存在感十足!

📍 嘉義市東區雅竹路 2 號

🕐 17:00–00:00

不敗火鍋
Hot Pot

　　社會學家羅蘭・巴特曾在《符號帝國》一書指出，壽喜燒是一道沒有中心且沒完沒了的菜，不停地做，不停地吃，不停地對話，爐邊的人們每次動筷都是一篇連綿不絕的文本，反覆經歷生鮮燙過滾滾湯水成為熟食的過程——火鍋也是如此。

　　臺灣明明位處於熱帶與亞熱帶氣候，人們卻嗑鍋成癮，穿梭各類鍋物之間。大家先是客製化自己的醬料，沙茶、醬油、蔥、蒜、薑絲、辣椒或豆腐乳，有人喜歡輕薄蘸個味道，有人則是偏愛醬料的厚重感；再來是林林總總的燙煮順序，有人習慣先以蔬菜、餃類做為起頭，有人強調得用撈網維護海鮮肉質的完整性，也有人總是吃到最後才將肉片與冬粉一股腦下鍋，吸飽湯汁蓋上這回合。吃火鍋沒有任何上帝視角的規範拘束，人人都是最佳編劇。

多力雞陶鍋
　　全店始終如一，只賣土雞肉火鍋的美妙滋味，足月放養的土雞肉質彈嫩，一共提供五種特色湯底作為套餐主體：經典原味、香濃蒜蒜、脆脆蓮藕、清薑暖暖和活力當歸，另附薄荷晚安茶、潤喉冰茶、時令蔬菜和香蔥雞汁雜炊。

　　最後的雜炊可是黏住人次次回訪的精髓，當陶鍋只剩雞湯底的時候，可以請老闆倒入米飯熬煮成粥一鍋兩吃，打卡還會贈送土雞蛋。喜歡重口味的人，請試試香濃蒜蒜，燉到軟爛的蒜頭與鹹粥和在一起，撒上店內御用日本 GABAN 白胡椒調味料，把整個套餐吃到鍋底朝天，是客人們心照不宣的桌邊禮儀。

📍 嘉義市西區民生北路 51 號
🕐 1:30-13:30、17:30-21:00

東方葉全牛料理店

　　肉商直營的溫體牛專賣店，店內的透明冰櫃凜凜陳列多種牛肉部位，又白又粉又紅又棕，各自流淌的油花散佈，直接了當。

　　主廚特製昆布涮涮鍋搭配部位選肉，湯頭是牛大骨、牛肉和新鮮蔬果熬煮，惹得上桌後眾人忍不住先埋頭喝碗熱湯。單點選項遍及肋眼、沙朗、腿心、牛舌、胸口雪花筋、龍骨髓看得人直嚥口水；並非每個部位都是涮個幾下而已，像是鳳尾筋與肉角適合浸在鍋裡燉煮，滾出彈性富嚼勁，各有各汆燙的黃金秒數。

熱炒又是另一項火侯展現，牛肉炒芥藍、日式牛肉炒讚岐烏龍麵、三杯牛尾……野心展現牛肉的多重宇宙，牧場鮮乳和鮮奶冰棒是新局數的攻守互換，吃一口冰冷熱交替，又可以再次迎戰。

📍 嘉義市西區仁愛路 228 號
🕐 11:00-22:00，週三公休

蜀川麻辣鴛鴦鍋

2006 年開業至今的蜀川麻辣鴛鴦鍋，老闆娘是四川人，現由二代繼承衣缽，把關食材品質。蜀川主打可以喝的麻辣湯，選用草果、月桂葉、小茴香、桂皮、花椒和燈籠辣椒等數十種中藥熬煮成湯底香氣，口感溫潤不嗆喉。對於不吃辣的族群，臺灣本土新鮮牛番茄熬煮的養

顏番茄鍋、經過 20 天自然發酵的東北酸菜鍋、揀選 20 多種中藥材補氣的鈣骨養生鍋，或將豚骨和深海小魚乾熬煮數十個小時的日式味噌鍋，樣樣猛勁飄香絕對鮮美可口！

令人著迷的，還有依照特色鍋底研發的蜀川自製滷水與漿丸，選用豬後腿肉和香料調製而成的手工川丸子是熱門王牌，現撈新鮮花枝切塊直接入漿的手工極鮮花枝漿也不遑多讓，麻辣鴨血、麻辣豆腐與炸油條組合的麻辣三兄弟來勢洶洶，這場舌尖大戰打得火熱，怎麼樣都得邀請特製烏梅湯上場，全是味蕾的癮頭。

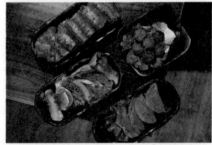

📍 嘉義縣民雄鄉保生街 197 號
🕐 11:00–14:00、17:00–22:00，週二公休

清豐濤月景觀餐廳

以眺望仁義潭聞名的清豐濤月
景觀餐廳，也是嘉義地區少數擁有
足湯噱頭的餐廳。足湯和用餐不會
同時進行，可以選擇單純泡腳，享
用飲品茶點，也能先盡享火鍋全餐
潤胃，再加價上樓體驗足湯。

📍 嘉義縣番路鄉凸湖 5-3 號
🕙 11:00-21:00，週二公休

　　套餐用料豪邁，單人鍋物、煲品選擇洋洋灑灑，無論是漢方爲底的老菜
脯雞腿鍋、當地柿餅農產帶出湯頭甜味的番路柿餅牛奶鍋、家傳的養生紅
麴東坡肉，口味可濃可淡，入口前再沾上胡麻甜醬。想要感受火鍋熱氣在
玻璃窗前的薄霧朦朧，務必預約座位，這裡的遊客量可是平日中午停車場
近乎全滿的瘋狂。

異國風味
Exotic Cuisine

　　身在臺灣，足以自豪的大概就是海納百川的飲食文化。無論是影響至深的日韓文化、新住民帶來的原鄉美味，還是眾多餐飲專業中西合併的新穎觀點，孕育百花齊放的菜式選擇，讓我們不用踏出國門，就可能在身邊嘗到味覺的萬千變化。

📍 嘉義縣太保市祥和一路東段 10 號
🕐 週三至週五 11:30–14:00、
　　17:00–22:00，假日 11:00–21:30

熊廚師

　　太保的熊廚師是間親切的家庭餐館，因主廚澳洲華僑的身分，主推澳洲手工肉派、澳洲手工香蕉蛋糕和義大利進口茉莉麵。擁有澳籍爸爸、嘉義媽媽的熊廚師，大量採用在地食材製成澳式餐點，手工肉派內餡中的蔬菜、豬肉和雞腿肉皆是嘉義出產，或是選用中埔香蕉製成暢銷的澳洲手工香蕉蛋糕，不僅解家人鄉愁，也成爲地方民眾嘗鮮澳式美食風味的途徑。我喜歡派皮擠上的那抹番茄醬，既濃郁又帶有家常的溫煦。

Mist Kitchen 糸食小館

　　成功街裡低調的義式料理小館，菜單不定期更新供應多元的開胃菜、義大利麵和燉飯，精簡素雅的用餐環境，讓來客都能全神貫注在餐桌上的鮮美料理。細品墨魚汁燉飯，米心熟硬度掌握得當，中卷頭切碎和醬汁共同燉煮的精華與米粒圓融混合，整體不會太軟亦沒有過濕，上頭的肉質彈嫩但不卡牙，每一口都能嚐到墨魚醬汁的鮮度。辣味番茄鮮蝦義大利麵也值得一試，煮進麵體裡的辣氣溫順不刺激，非常開胃。

📍 嘉義市西區成功街 116 號　　🕐 11:30-13:30、17:30-19:30，週二公休

打貓廚房

　　民雄「打貓廚房」結合原有的酒品代理銷售品牌「打貓酒廠」，共同營造西式餐酒館的休閒氛圍，是嘉義少數營業至深夜的聚會場所。這裡提供經典美式早餐、肉品排餐、炸物小點、鹹派甜點和澳式風味的精釀啤酒，開放式吧檯擁有多螢幕的運動賽事轉播，加上不限時的用餐環境，深受團體聚會青睞。

📍 嘉義縣民雄鄉建國路二段 42 號

🕐 週一至週四 07:00-10:30、11:30-23:00，
週五 07:00-10:30、11:30-03:00，
週六 07:00-03:00，週日 07:00-23:00

　　母公司啟坤科技是全球第二大高爾夫球鐵桿身製造商，這裡喝得到
打貓酒廠量身訂製的獨特酒譜，結合麥芽、啤酒花、啤酒酵母和芒果
原汁的「第十九洞」，清爽微鹹的自然風味勾引出芒果的甘甜後韻，
貼切呈現高爾夫球賽後聚會小酌的愜意情懷。

國王的菜 King's Flavor 印度餐廳

　　如果是名咖哩狂熱份子，那由印度主廚帶領的「國王的菜」是近年熱門之選。混合多種香料的異國風情，近十種的咖哩選擇，看是要搭配米飯還是烤餅。嗜起司者務必加價成起司瑪莎拉烤餅，將咖哩醬塗抹於烤餅大口吃下，美味可是以倍數增長呢。

　　香料優格烤雞也是人氣單點項目，碳香味的烤雞肉塊增添醬料的層次口感，肉質多汁不乾柴；再搭一杯香濃卻不搶走咖哩風采的印度奶茶，讓每個角色都能完善發揮獨特魅力，能平衡全桌滋味的料理手藝，果然是真功夫。

📍 嘉義市西區林森西路 280 號
🕐 11:30–14:30、17:00–20:30
　　週二公休

213

無菜單料理
Omakase

　　空間交織美食，供應無菜單料理的餐廳除了端出符合當季食材的美食，更是營造出深刻專注的職人氛圍。嘉義近年出現幾間餐廳新血，預約制餐點模式的背後是更多對食材的寬容，好讓大家在不同季節皆能嚐到獨具匠心的特色料理。

Eureka Home

　　隱身北榮街的 Eureka Home，是嘉義少見的直火料理餐廳。店內只有呂長榮和妻子兩人主理，從醬料調製、料理高湯到配料品管，都是營業日當天親自前往東市場挑選原料，再回店裡熬煮；甚至甜點麵包也是從麵粉開始製作。備料的講究讓這間無菜單餐廳僅營業晚餐時段，一日限量十個座位。

　　空間風格來自主廚長年的露營經驗，高山稜線設計寓意的門面、裡頭裸露的紅磚老屋是可以撿拾龍眼木的洞穴，食客如同來到他露營區用餐的三五好友，大家圍圈盯著營火，感受空氣裡淡淡的木質香氣，等待餐點上桌。

　　L 型座位區包圍著開放式廚房，鍋碗瓢盆依序放置於檯面上，耐火磚的範圍就是料理的地方。每個人會先拿到一張邊角有火吻痕跡的菜單，上頭印有供應的時節菜色，包含肉食、湯品、海鮮、蔬菜和茶飲，道道都是主廚與火侯直球對決的展演，一頓飯的長度就是一齣迷人的火焰秀。

主廚擅長將熟悉的食材以煥
然一新的手法呈現，像是將鱔
魚和大白菜炙燒，搭配小洋蔥
的鮮甜，酸溜中帶甜勁是再適
合不過的開胃菜；或現擀披薩
餅皮，刻意不塗任何醬料，讓
味蕾嚐到自製培根和蒔蘿的油
脂芳香。火光之間，我們都與
食物本質的風味貼得好近。

📍 嘉義市西區北榮街 137 號

🕐 18:00–20:30，公休日請以店家最終公告為準

（預約制無菜單餐廳，店家僅接受臉書訊息預約，菜單將會依照時節異動。）

月実柴饗

　　布袋漁港旁的月実柴饗是一間單人作業的微型餐酒館，希望讓當地以養殖魚塭爲業的年輕人，在月色降臨後有個地方可以相聚小酌，拌些下酒菜享受夜生活。主廚李家維善用日料手法處理本土食材，逐漸在小漁村站穩腳步，吸引各路饕客接踵而來。

　　午餐時段因前置作業時間有限，加上多是上班族或是路過遊客前來用餐，以快速飽肚爲主，因此現場僅提供當日限定拉麵和指定丼飯；得到夜幕下垂，才會出現刺身、串燒、關東煮物季節魚料理等選擇。

　　特別推薦得提前三天預約的無菜單料理，端上桌的都是職人的季節講究，享用冬至前後才出現的烏魚白子、大啖以味噌漬手法消除腥味的養殖烏魚、輕咬到粗獷的限定鹽花，牽引出刺身的鮮甜奔放。

　　最令人嘖嘖稱奇的，絕對是主廚自製的虱目柴魚。爲了更接近生產源頭，李家維幾年前跟著致力無毒生態養殖的邱家兄弟一起養魚，主廚藉由柴燒煙燻、乾燥和曝曬去除腥味，將虱目魚背肉製成根根焦黑的「本土柴魚」，在砧板上小心翼翼地削成片片細屑，入鍋熬煮成琥珀色的高湯，成爲鎮店湯頭的背後飽經世故，卻是不張揚的無名英雄。

📍 嘉義縣布袋鎮上海路 363 號
🕐 不定期調整,請參考粉專公告
　　(無菜單料理須至少提前三日預約。)

芋泩商行

　　座落在轉角的芋泩商行是一間懷石料理店，因二連棟木屋的搶眼外觀，時常奪得路人目光。空間由主廚林浚成與同爲餐飲背景的妻子陳名媛共同打理，前身曾爲林家經營山產買賣的嘉林商行，一度閒置了多年。

　　從大阪辻調理師專門學校與調理技術研究所畢業的林浚成，先在五星級飯店實戰多年，一身料理功夫落葉歸根，2021 年返鄉修繕家族的起家厝，提供預約制的無菜單料理重新開始，講究的日本料理手法結合臺灣在地食材，爲嘉義注入燦然一新的飲食風景。

　　若前來芋泩商行細品美食饗宴，座位周圍也蘊藏不少彩蛋故事。像是建築物的突出物「出釘」，是傳統年代想要「出丁」的盼望縮影；連結別館的門上則有個玻璃小窗，原是放置蠟燭的明火間，往昔只要

點根蠟燭,兩邊都能受到光源的恩寵。另外,復古的真空管收音機旁放置了廣播無線電收音機登記證,在 1970 年代電信法鬆綁前,收音機得申請登記執照才可以合法收聽,上頭會載明收音機規格與登記人的身分。

在終將逝去的時光中,芋泔商行提供一餐無菜單料理的時間留人佇足,好靜靜凝視這棟老房子被封印許久的容顏。

📍 嘉義市西區蘭井街 283 之 1 號
🕐 預約制

蔬食餐館
Vegetarian food

　　依據 2021 年針對純素和素食消費者的調查報告指出，雖然遵循嚴格的純素飲食者仍然是部分人口，但可接受彈性素食主義的消費者佔全球 40% 以上。相較過往因宗教而成為全素食者，近年因群眾的健康意識抬頭，開始思考如何選擇健康、環保且能維護動物權益的食物來源。為了滿足多樣化飲食的需求，今日的素食店家不再只是巷口的自助餐或麵攤的傳統呈現，開始蔓延至便利商店、精緻餐廳到異國料理，共同走向新蔬食時代。

香香素食

　　若想要在嘉義找間素食店連吃一週不會膩，或許非香香素食莫屬。近百種料理形式顛覆眾人對素食店僅能展現單一特色的侷限，菜單上是分明的楚河漢界，一邊是以主食種類陳列，義大利麵、炒飯、燴飯、粥品到煎餅；另一邊則是湯底系列的雲遊，從鍋燒、番茄蔬菜、日式味噌、南洋沙嗲、泰式酸辣、韓式泡菜至川味麻辣，意想不到的排列組合簡直像是趟周遊列國。

📍 嘉義市東區民權路 126 號
🕐 11:00-13:30、16:30-20:00（週三公休，若遇到初一、十五正常營業。）

　　價格樣樣經濟實惠，但份量驚人，在這裡點餐下手要輕一點，無法施展大人全都要的任性。鹹蛋黃搭炒的金沙炒飯全是大鍋快炒的真功夫，香椿烙餅和煎粿則是不想吃正餐的替代首選，滷味區的小菜數量也不遑多讓，而香香素食的盛情款待沒有就此罷手，還會根據四季冷暖推出時節新品，讓蔬食者享受豐富多元的餐桌滋味。

JUST BURGER 加蔬特 無肉蔬食漢堡

　　以美式速食型態提供無肉的蔬食漢堡，清楚標示純素、蛋素、奶素和蛋奶素，讓來客能依照個人的飲食習慣需求點選，並且可以像連鎖速食店一樣加價套餐。

　　JUST BURGER 從菜單到建築都相當講究，漢堡綜合各路經典再以蔬食結合，碰撞出驚喜，諸如：美式厚切老饕堡、日式黃金穌排堡、法式咔啦堡、泰式香辣米堡⋯⋯全都是店家精心研發的「偽」葷食。

　　裝潢採用環保綠建材，全店以電力烹煮，卯足全力在實踐環境保護。二樓則安排合適的用餐環境，放置文化類雜誌和兒童繪本提供翻閱，一切輕輕柔柔地善待日常時光。

📍 嘉義市東區中山路 272 號　🕐 11:00–20:00

餐烤蔬 素の串燒

　　嘉義城隍廟前的餐烤蔬，是間創意串燒的蔬食料理店，部分餐點含有蛋奶素且採共鍋油炸，全素者可以斟酌選購。眾多現點現烤的串燒種類搭配每日熬煮的獨門醬汁，帶有花生粉的撲鼻香氣。初次前來的民眾可以參考張貼的排行榜，或是直接拿取一輪餐烤蔬的獨家創意料理，比方說，烤得酥脆的紫菜糕、越吃越順口的豆皮捲心菇、豐滿的「薯於泥」餡餅，樣樣看似古樸卻令人驚豔。

　　雖然老闆是省話一哥，有時以為他好像沒第一時間回答客人，但其實都有把大家提出的需求用他的方式回應，外冷內熱的蛛絲馬跡，可以從牆上店家長期捐款給公益團體的收據應證。店內有少量座位席，直接趁熱現吃也是把握美味的不二法則。

📍 嘉義市東區吳鳳北路 177 號
🕐 16:00-22:00，週四公休

特色冷飲
Drinks

臺灣人對手搖飲的痴迷程度簡直病入膏肓，走在街頭隨時能遇見飲品一條街的盛況，各家飲料推陳出新，全臺每年喝進上億杯的經濟奇蹟。雨後春筍的連鎖品牌難以細數記載，但總有幾間獨立店鋪靠著傳統風味博得地方喜好，穩坐冷飲市場。

阿福新鮮果汁

冰櫃裡陳列的水果色彩有種讓人卸下心防的魅力，不經意挑逗路過的人們，來杯果汁正好。鍾愛阿福果汁的內斂實力，民宅一樓的小攤看起來簡單幾樣品項，但只要走近攤位側邊就能看到一片密密麻麻的選單，都可以客製化糖量與冰塊多寡。

老闆敏捷的刀工將當令水果剁切細塊，放進果汁機嘎嘎作響，渾厚汁液的綜合果汁燦黃如金。有時，我會點盤新鮮番茄盤入內坐下，邊蘸著醬油、薑末和甘草粉的南臺灣配方，邊翻著桌上的報紙速看社會大事，宛如自家廳堂的從容。

📍 嘉義市西區民生南路 34 號
🕐 11:30-23:00

國際青草茶

清涼退火的青草茶是炎炎酷暑的救星，不僅甘美解熱還能爽聲潤喉。位於西門街的國際青草茶是專賣苦茶和青草茶的老鋪，為了降低一般民眾對苦茶的畏懼，店內還有苦茶和青草茶混合的喝法。瓶裝是雙面動物造型，一半是熊、一半是大象，握把處是象鼻，相當童趣。

📍 嘉義市西區西門街 63 號　　🕐 08:30-22:30

📍 嘉義市東區彌陀路 235 號
🕐 09:30–21:30，週日公休

金甘茶

金甘茶是金桔汁加上甘蔗汁的簡稱，現點現擠的金桔檸檬，再混合稍早自榨的甘蔗汁，享受整杯黃澄澄的汁液一股腦衝進喉頭的甘甜；另一層面又像是同時集結視覺和味覺的總和。如今已經鮮少看到路上削甘蔗的情景，每到金甘茶攤位前總堆積著稍早削下的新鮮蔗皮，染得周圍空氣都充滿香甜的味道。

洪家楊桃汁

楊桃大部分種在臺灣中、南部的平地，一年約可採收三次。一杯自種自給的楊桃汁其實得來不易，採果後清洗進行醃漬，接續脫水分離原液跟果渣，最後使用臺糖特砂和獨門祕方的中藥材調和。民族路上的洪家傳統冷飲，購買楊桃汁時會體貼顧客喜好客製酸甜比例，自然的果香氣息絕不添加香料，純的喔！

📍 嘉義市東區民族路 119 號
🕐 09:30-22:00，不定期公休

青春樂順心茶飲

嘉義在地 30 年以上的信譽保證，就像店名一樣伴隨著許多嘉義人的青春回憶。茶飲堅持使用當日現煮茶，推薦酸甜拿捏得當的洛神花紅茶，或是以烏龍茶為底的凍頂檸檬茶。

📍 嘉義市西區新民路 711 號
🕐 10:30-22:00

穀壹綠豆沙牛奶

　　嘉義是個諧音梗極致的城市，不論是「歡迎回嘉」或「綠豆嘉義人」皆是歷久不衰的認同用詞。長期的日常用語渲染，使得嘉義地區主打綠豆沙或綠豆湯的店家特別多。最常造訪鄰近中正公園的穀壹綠豆沙專門店，那裡的綠豆沙牛奶嚴選臺灣毛綠豆，融合來自嘉義中埔的綠盈鮮奶，帶點粉質外皮的毛綠豆煮起來口感特別扎實，配上冰沙的涼爽，喝之前攪拌均勻便是順口綿密的黃金比例。

📍 嘉義市西區北榮街 76 號
🕐 10:00–21:00

嘉義南門包氏
炭燒杏仁茶

　　嘉義排名最 chill 的早晨，在南門圓環擁有 80 年以上資歷的炭燒杏仁茶壓根兒佔據榜上。街邊小攤只賣一組品項：單杯杏仁茶加一根油條。杏仁茶有原味和加蛋兩種版本，原味是直球對決的甜滋氣味，加蛋則是蛋黃攪拌些許鹽巴再淋入熱呼呼的杏仁茶，喝起來較濃醇香滑。

227

這裡沒有桌子，椅子自然成爲圍繞老闆一圈的陣形。群眾一手捧著鋼杯，一手拿著炸得酥脆的油條，或沾或喝，氛圍輕鬆愜意。

📍 嘉義市東區民族路 191 號

🕐 06:00-10:00，週一公休

📍 嘉義市西區向榮街 199 號

🕐 10:30-18:00，週一公休

阿伯古早味手工汽水

時代感的攤車正是古早味手工汽水行過歲月的最佳證明。老闆先在杯裡放些碎冰，轉開機關注入二氧化碳到無色碳酸水中，繽紛的招牌選單寫著橘子、沙士、葡萄、蘋果、百香果、鳳梨或梅子，依照每人選擇加入糖漿快速攪拌，一杯手工汽水大功告成！你的戀舊滋味是什麼呢？

古早味冰品
Ice

早年臺灣有一句話:「第一賣冰,第二做醫生。」,可見嗜冰的臺灣人帶來的龐大經濟效益。冰品市場從古到今百花齊放,琳瑯滿目的配料、爛漫奪目的糖色,以及花招百出的打卡裝飾,誰都想在紅海市場分一杯羹。但總有幾間老店只要安於本分就能歷久不衰,老字號的招牌如同歲月壁壘,告訴你即使事過境遷,依然有人守護一味供人追尋。

大樹腳阿欽伯粉圓冰

黃槿樹下的粉圓冰是新港老字號,最初是阿欽伯挑著擔子沿街叫賣,後來在新港國中旁固定店面,大樹下吃冰的涼快回憶陪伴不少在地人的成長歷程。用番薯粉手工製作的粉圓粒粒分明,一顆顆圓潤的小珍珠毫不黏糊,再淋上濃郁的黑糖水,就是一碗糖香眷念。每年也吸引前來奉天宮參與遶境的信徒,鳳梨愛玉粉圓和檸檬愛玉粉圓簡直是酷暑聖物;剉冰的配料也是五花八門,愛玉、紅豆、地瓜圓、芋頭、粉粿斑斕亂墜,將人世間的救贖全濃縮於冰山之中。

📍 嘉義縣新港鄉福德路 110 號
🕐 09:00–17:30
　 週末延後至 18:00,不定期公休

阿胖冷飲菜燕冰

　　每年冬季會休息的阿胖冷飲，賣著從阿公那代熱銷超過 70 年的菜燕冰。當時周圍建設興起，工人歇息時間想討點清涼，阿公便將自家販售的枝仔冰改成飲品口味，並將菜燕以手工刀切成細小塊狀方便吸食，兼具涼飲又解嘴饞的菜燕冰因此誕生。

　　傳承手工古法用料純粹，利用柴火熬煮，帶有昔日牛奶冰棒滋味的香檳菜燕冰，與精選北港花生磨成醬熬煮的花生菜燕冰最受顧客歡迎。另有蓮藕茶、青草茶、冬瓜茶、百香果和楊桃汁裝在有刻度的玻璃量杯，坐在木凳雙腳晃啊晃的消暑時光，悠然自在。

📍 嘉義縣朴子市中正路 119 號
🕐 09:00–19:00，週二公休
　　冬季休息時間請參考官方公告

嘉義柏風冰城豐仁冰

　　隱身在嘉義老吸街的古早味，豐仁冰的由來衆口紛紜，類似刨冰混著酸梅冰、鳳梨冰、草莓冰和花豆仁的冰品，一杯綜合豐仁冰便能收攬所有的酸甜滋味，一款熱賣便可橫著江湖數十年。

　　若前來購買，推薦以走路方式漫遊附近街區，老吸街至今保有許多木造矮房，街廓生活感相當濃厚。特別的街道命名是爲了紀念地方聞人曾老吸，因擁有的田地被徵收爲住宅地而致富從商，他曾捐錢協助圖書館、第六代嘉義北回歸線標誌建設，冰店旁的老吸街34號，據國家文化記憶庫顯示該建物最早由曾老吸持有。

📍 嘉義市西區老吸街 28 號

🕐 週二、週五、週六、週日 11:00-20:00，週三 11:00-16:50

231

豆花江湖
Tofu Pudding

　　全臺各地若以嘉義豆花的名號闖蕩，基本上都得主打醇香豆漿作爲豆花湯汁基底才不會被視爲冒牌。豆漿豆花從哪間店發起已不可考，但最初是爲了掩飾賣相不佳的古早味豆花而使用的障眼法。

　　能讓嘉義與豆漿豆花印象相依相隨，文化路夜市內的「阿娥豆漿豆花」功不可沒，以豆漿豆花和油條的懷舊組合在觀光客的美食清單裡大受歡迎；另外，還有體育館附近起家的「桃城豆花」，二代近年租下閒置 40 多年的老醫院用心打造桃城豆花光華店，將原本吃完就走的豆花小點，結合生活態度美學打造別緻的餐飲場域，席捲各大社群版面，成功拓展年輕客群。

　　然而，美食就是生活文化的演進，隨著口味日益多元，嘉義的豆花江湖也越加猛烈，若想在嘉義仰賴其他口味區別市場，必定都有講究細節的能耐。

像是共和路上的「皇家
豆花」，用料相當實在大
方，長時間手工熬煮的餡
料無論搭糖水或豆漿，都
會上桌一碗隆起的小山，
人們得拿著湯匙慢慢一鏟
一鏟挖除上頭的選料，料

比漿汁還多是這年頭難能可貴的一景。梅山的中山路上也有間 1964
年創立的「梅山傳統豆花店」，質樸卻功底深厚，挖開碎冰後的豆花
體綿密，加上花生和粉圓之後更成為眾人上山的理由。

「陳品手作豆花」的香草鮮奶豆花是不容忽視的本事，浮在牛奶上
方的黑點是調味用的天然香草籽，涼的比熱的更能吃出濃郁芳香；這
家的杏仁豆花也相當推薦。不遠處的「壺豆花」則獨樹一格，餐點上
桌時是豆花餡料與漿液分離，漿液還是以手沖壺承裝，客人可以自行
添加，吃到不同層次的豆花。泰奶豆花則是壺豆花的特別款，搭配芋
圓、地瓜圓和粉圓，甜滋滋的幸福滿溢而出。

　　習慣清爽款的人，可以嚐嚐在下午茶時段吸引當地人接二連三前來的「阿貓甜品店」，店內主打手工精製的杏仁露、綠豆露和寒天，因此這裡的豆花並非想像中的豆製品，而是承裝一整碗寒天再倒入鮮奶。至於師承臺南豆花師傅的「品安豆花」，以清新的檸檬豆花廣受好評，輕薄的檸檬片裝飾酸甜口感，還可加價升級成檸檬冰沙，為嘉義的豆花市場帶來截然不同的味覺感受。

阿娥豆漿豆花
📍 嘉義市東區延平街 233 號
🕐 14:00-23:00，週二公休

桃城豆花光華店
📍 嘉義市東區光華路 65 號
🕐 09:00-22:00，週三公休

皇家豆花
📍 嘉義市東區共和路 123 號
🕐 10:00-22:00，週日公休

梅山傳統豆花店
📍 嘉義縣梅山鄉中山路 300 號
🕐 10:00-16:30，週二公休

陳品手作豆花
📍 嘉義市西區成功街 126 號
🕐 11:30-21:00，週二公休

壺豆花
📍 嘉義市西區垂楊路 402 號
🕐 13:00-21:30

阿貓甜品店
📍 嘉義市西區民生北路 28 號
🕐 09:00-22:00，週四公休

品安豆漿豆花
📍 嘉義市東區中正路 335 號
🕐 平日 12:30-22:00（週五延長至 22:30）
　　週六 11:00-22:30，週日 11:00-22:00

懷舊甜品
Sweets

懷舊是百搭的題目，尤其甜品特惹人愛。無論是誰都有往昔，在那些嗜甜無忌的時光裡，我們都有可能嚐到幾樣這輩子甩不掉的愛好。那些甜品大多質樸，但在長大成人看遍霓虹燈綠後，每口單純滋味都是生活裡最補足氣神的中場休息。

日式甜點

黃色招牌的小攤車沒有直接的店名，簡單標示三種販售種類：銅鑼燒、羊羹和麻糬，成為光彩街上的懷舊一景。店家傳承手工製法，經濟實惠但不隨意虛應故事，為了把關餡料品質，天氣炎熱時會放暑假暫停營業，屬於季節性的出攤限定。

櫥窗裡擺放花瓣裝飾的紅豆丸、如雪花般包覆紅豆餡的日式饅頭、輕薄透亮的綠豆羊羹，以及蜷縮著手工麻糬的薄餅糕點。銅鑼燒提供紅豆、花生、巧克力和草莓四種口味塗醬，每一抹皆是童年放送曲，甜得如此鮮明，足以讓人憶起最純粹的快樂。

嘉義市西區光彩街 482 號
11:00-16:00，請以店家最新公告為準

純情專売所

　　將麵粉和牛奶混合的鵝黃色麵糊擠入烤檯模具，預熱後逐漸凝結成薄薄麵皮，再依序在每一格打入一顆完整的紅仁雞蛋，如此豪邁且不加一滴水的濃醇比例，讓純情雞蛋糕的古早味口味成為必勝基底，單純卻無敵。

　　每趟前來都是一道甜甜鹹鹹的數學習題，雞蛋糕內餡從乳酪絲、卡士達到相異食材的排列組合，口味包含：肉酥雞蛋燒、黑糖麻糬燒、純情卡士達、花巧 OREO 或當期限定，無論誰是當下心中最佳選，全無添加任何預拌粉和乳瑪琳，闔家大小皆能安心食用，外皮上還時常有不同圖案的烙印驚喜呢。

嘉義市東區公明路 404 號　　13:00-18:00

📍 嘉義縣朴子市文化南路 305 號
🕐 10:30–18:00，週一公休

顧家麻花工作坊（原顧家雙胞胎）

隱身臺 19 線上的一般民宅，明明不在觀光熱區卻讓遊客願意繞道前來，大嗑在地超過 30 年的人氣點心──雙胞胎。熱鍋出爐的燙口魅力，外皮酥脆、內餡軟綿綿，每咬一口皆充滿麵團的香韻。純手工揉製的麻花也是嘉義縣的人氣伴手禮，捲繞形狀後油炸定型，再以炒糖裹色，數種甜鹹口味面面俱到。

劉小番茄現切水果

國華街與文化路相夾的北榮路段，每到午餐時段即是熙熙攘攘的熟食戰區。一片油光之中有個清爽的逗點，賣著現切水果的冷藏攤車坦率宣示「採特殊配方」的生存之道，透過獨門的梅粉與蜜餞番茄穩扎街區。

還不用上前探問，就能從四周農會紙箱的圖騰推測有哪些當季水果，網室木瓜的熔岩紅、洋香瓜的艾綠、蜜桃的猩紅，各自彰顯嬌滴滴的垂涎色澤。店家的自製梅粉則是稱職的綠葉，拿捏得宜，不搶走水果該有的酸甜。

📍 嘉義市東區北榮街 113 號

奇喚咖啡
CRUSOE

📍 嘉義市東區民權路 254 號
🕐 11:30-18:00，不定時公休

　　從保安市場移到民權路的奇喚咖啡，主理人阿奇因奪得 2022WCE 世界盃杯測師大賽臺灣選拔賽冠軍而打響名號。單品豆單可自由選用愛樂壓萃取或是手沖沖煮兩種方式；若爲義式咖啡則是主推帶有熱帶水果與甜感表現的配方。咖啡因成癮者可以試試奇喚 1+1，濃縮加美式、濃縮加卡布或是濃縮加小拿鐵兼得，再加上店內遠近聞名的招牌肉桂捲，長大成人的午後時光就是如此貪心。

美好咖啡店

Miho Coffee

📍 嘉義市東區啟明路 146 號
🕐 08:00–17:00，週四公休

　　早上 8 點就營業的美好咖啡店，簡直是晨型人的綠洲。靜坐落地窗旁來份豐盛的輕食早餐，從淺焙到深焙不同濃烈之中選擇所好，再來一份「日式莓好豬三明治」，特選湯種吐司夾著日式梅花豬和生菜，蔓越莓與花生醬的香甜香氣成全一日的美好之始。若是親子家庭出遊，那美好咖啡店也是友善孩童的親切店家，甚至提供 12 歲以下的小大人套餐，把全家人照顧得妥妥貼貼。

スピード　supiido

📍 嘉義市東區北榮街 50 號
🕐 08:00–14:00，公休日請參考店家最新公告

　　位在擁有 300 年歷史仁武宮旁的スピード速比多咖啡，以街角的木屋與古廟紅牆相互呼應的標誌聞名。希望透過每杯咖啡獨一無二的製作速度，分享在嘉義生活的節奏。我喜歡與朋友站在一旁喝杯「蜜處理」或「蜜香紅茶」，一起曬曬北回歸線的烈陽。

星耀辰咖啡車計劃

Dalah Coffee Van Project

　　以一臺咖啡車重啟咖啡志業，主理人 Mango 透過星耀辰咖啡車計劃的 FB 粉絲專頁和 Instagram 提前告知停駐地點：主要在嘉義地區，偶爾才會至外縣市限定出攤。義式咖啡可以喝到 Mango 長年深耕的醇厚底蘊；若不知道應該從哪一杯開始，咖啡師特調或許能成爲當日的最大驚喜。

📍 嘉義市東區民權路 330-1 號
🕐 營業時間與地點請見粉專公告

嘉義 - 秘氏咖啡

cafe chamber

📍 嘉義市西區延平街 288 號
🕐 14:00−22:00
　　週二、週三公休

　　秘氏咖啡全臺有臺北、臺南和嘉義三間，各地依照環境播下適合的人文風情，打造獨一無二的秘氏風格。盤坐延平街的嘉義秘氏咖啡是間木造老房，空間充滿了小津安二郎電影裡的昭和風格，在這裡可以喝到十多種品項的手沖精品搭配無間斷的經典日語金曲，還有一隻店貓「烏麥」陪伴。

新港黃爸爸咖啡　Coffee and Beans

📍 嘉義縣新港鄉中正路 109 號

🕐 07:00–17:00，週日提前至 11:30 閉店

　　黃爸爸咖啡是間提供咖啡熟豆販售的社區型咖啡廳，一家子的生活與店務緊緊相依。經濟實惠的價格即可享受多種精品咖啡，是我每次前來奉天宮參拜後，會特地繞過來買上一杯的咖啡癮。店內的吧檯座位有時會坐著黃爸爸的兒時玩伴們、偶爾是黃爸爸的女兒坐在上頭，腳晃啊晃的，如此家常、如此親近，輕鬆喝咖啡、聊是非就是店內的愜意寫照。

幕後咖啡

Coffee Behind The Scenes

📍 嘉義縣鹿草鄉安和街 322 號
🕐 10:00–19:00，週二、週三公休

　　主理人哲弘將阿公留下來的老宅改成店住合一的咖啡廳，因過去從事電影幕後產業，空間陳設大量經典電影海報。身為鄉野中醒目的咖啡產業，哲弘表示鄉親傳播的熱情比誰都快，只要誰家有訪客都會來買上幾杯咖啡招待客人，鄰居在路口遇到熟人也會湊在一起買杯咖啡，閒聊家常，簡直是親切感十足的隱藏版里民中心。

Bless 淺山房

📍 嘉義縣番路鄉第 10 鄰 7 之 1 號

🕐 週四到週日：13:30–21:30

　　這裡真的有咖啡廳？這是每個人初次前往 Bless 淺山房會浮現的疑問。隱匿在番路山村的鵝黃色三合院，原是發哥的家具設計工作室，沒想到咖啡逆勢成為營業主軸。空間擺設是發哥「不太精準」的設計，例如：汽車汰換的輪胎和捲線桶拼裝成庭院餐桌、洋蔥剖面成為餐桌上的花瓣，以及不改變線路格局直接坐在客廳手沖咖啡，處處襯托隨遇而安的生活美學。

順風咖啡

Shunfeng Cafe

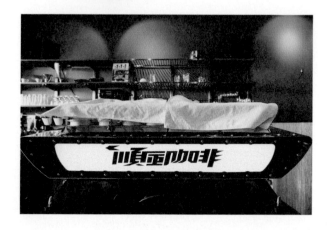

　　從咖啡電商品牌「無非咖啡」走向實體店面「順風咖啡」，主理人欽智坦言從事賽鴿產業的爸爸是最大推手。店內設計使用大量賽鴿文化元素向父親致敬，像是品牌識別帶有順風飛翔的寓意，中淺焙的「秋王」配方正是爸爸鴿園裡的種鴿代表秋王號，連櫃上都有數本賽鴿雜誌提供翻閱……應該是全臺難得一見的咖啡廳奇景。

📍 嘉義縣新港鄉新民路 132 號

🕐 10:00–18:00，週六 10:00–20:00、週日 10:00–17:00，週四、週五公休

KaKaLove Cafe

📍 嘉義市西區博愛路二段 421 號

🕐 平日 08:00–19:00，假日 10:00–18:00

　　KaKaLove 是業界咖啡競賽的常勝軍，現場主打自家烘焙的咖啡豆販售以及咖啡外帶，是著迷手沖咖啡同好者的朝聖地。現場提供多款手沖咖啡試喝，讓每個人都能買到稱心如意的風味回家。且團隊成員各個是擁有專業證照的技術本位，若剛好有沖煮器具需要更新，現場也能得到專業的設備建議。

義竹小吃半日遊

　　義竹鄉是嘉義縣最南方的鄉鎮，熱鬧地段以義竹鄉公所為核心向外擴散，庶民生活飲食依著同樣的軸線蔓延。生活圈跟臺南鹽水和新營密不可分，連飲食特性都緊緊相連，雞肉飯、鹽水意麵、豆菜麵和豬頭飯紛紛進了地方菜單品項。

　　義竹公有第一攤販市正是攤商的最佳演藝場，抬頭即可望見攤商組成的五月光「乘風破浪人生發財公司」，由菜小唬、菜伊琳、溜德滑、魚美人和豬孝天領銜主演，各個架勢十足，端出看家本領，以日常美味傳達出這座僻靜小鎮的不老宣言。

11:30
義竹公有第一攤販市
↓
12:00
義竹阿和雞肉飯
↓
13:00
翁氏魚捲
↓
14:00
清涼冰品
（四菓牛奶冰專賣店）

建合小吃店
（阿和雞肉飯）

📍 嘉義縣義竹鄉六桂村 236 之 5
🕐 10:00-19:00，週日、週二公休

　　阿和雞肉飯是用餐時段的熱門店家，小小攤販卻像里民的感情聯絡中心，老闆阿和雖忙碌於餐檯作業，卻依然能把左右鄰居招呼得服服貼貼。雞肉飯與乾意麵的飽足組合，堪稱是上班族午後的最佳補給，也為遊客開啟活力滿滿的一天。

翁氏魚捲

📍 嘉義縣義竹鄉六桂村 238 號之 13

🕐 07:30-18:00，週一公休

　　不遠處便是由總鋪師創立的翁氏魚捲，許多人因爲虱目魚捲慕名前來。30 多年來堅持手工製作，豬網油包覆的虱目魚漿相當厚實，買回家煎炸兩吃皆是懷舊的餐桌美味。比拳頭還大的苦瓜丸更是煮湯的好幫手；另有花枝捲、蝦捲丸、草蝦丸和蒜頭丸等冷凍食品，選用新鮮漁獲混合粉料，吃來彈牙無腥味。

清涼冰品（四菓牛奶冰專賣店）

📍 嘉義縣義竹鄉頭竹村 164 號
🕐 10:00-20:30，週一公休

　　義竹飯後甜點的強棒是頭竹村的清涼冰品，傳承三代的古早味香蕉冰，是從艱困時局誕生的撫慰。早年人們普遍物資匱乏，為了增添冰品滋味，便在糖水裡添加香蕉油，其實裡頭並沒有真正的香蕉。隨著歲月推進，接班人開始在冰裡添加奶粉、紅豆、大豆和葡萄乾以豐富口感，雖已正名為四菓牛奶冰，但深耕半百的集體記憶，大家前來還是習慣嚷著：「老闆，一杯香蕉冰！」若想要享有飲料與冰品的雙重口感，漂浮系列絕對是稱心如意的選項，炎炎夏日來杯香蕉冰加檸檬汁，那股透澈沁涼必定格外雋永。

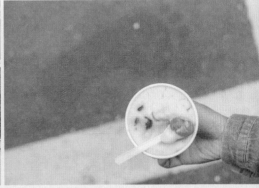

Chapter

5

自然山海

Natural Landscapes

沿途的茶園、果樹、竹林等風光，

人群散佈在小徑間，追逐綠意，

這是一場盛大的芬多精洗練。

將景點加入地圖

↓

嘉義樹木園　Chiayi Arboretum

　　這裡是嘉義市區觸手可及的叢林綠地，高大直立的板根植物群大量聚集，樹葉嚴密交錯，人們只是羊腸小徑中的渺小黑點，彷彿遁入電影《侏羅紀公園》的魔幻之地，踏入後瞬間與幾分鐘前的城市喧囂斷然隔絕。許多人會來場飯後散步，甩甩手、動動筋骨，或是揀選鍾意的區域，鋪一張墊子坐下來閉目養

神；而我習慣打開手裡的零食，放任自己在園區內發呆。

　　創設於 1908 年的嘉義樹木園是臺灣第三古老的植物園，前身為日治時期的山仔頂試驗地，因此當地人也會稱呼「山仔頂植物園」；它與南投竹山的「下坪植物園」和高雄美濃的「雙溪熱帶母樹園」，

並列為臺灣三大外來熱帶樹木園。當年臺灣作為日本南進幻夢的實驗地，臺灣總督府引進各類熱帶經濟樹種觀察研究，嘉義樹木園兼具學術研究、母樹園保種和休閒遊憩的功能。

1921年，臺灣總督發令將試驗研究納入中央研究所編制，林業試驗場改制為中央研究所林業部，下轄恆春林業試驗支所和嘉義林業試驗支所。山仔頂試驗地與埤子頭苗圃（今日嘉義市香湖公園內的埤子頭植物園）合併為嘉義林業試驗支所，選定桃花心木、鐵刀木、巴西橡膠、印度紫檀、黑板樹等十餘種

經濟樹種進行造林。

今日的嘉義樹木園總共有七大植物區，經過兩側高聳挺拔的大王椰子後是「巴西橡膠樹區」，其中列管編號38的巴西橡膠樹推估已有百年樹齡。二戰期間由於天然橡膠種植成本低且採割容易的特點，曾經被大量用於輪胎生產；自從合成橡膠取代天然橡膠後，嘉義樹木園的巴西橡膠樹林已成為時代洪流中極為珍稀的景象。

「肯氏南洋杉植物區」裡也有被公認為臺灣最高齡的植株，百餘歲的歷史源自臺灣最早引進的母株之

一，氣勢宏偉。葉子爲針刺狀，蓊鬱的葉子讓樹枝看起來猶如一支雞毛撢子，時常被應用在節慶佈景的聖誕樹。

另外還有「板根植物區」、「棕櫚植物區」、「槭葉翅子木植物區」、「油椰子植物區」和「生態水池」。嘉義樹木園的視野並非一路都要抬頭仰望，這裡的生命是有層次的，依著蜿蜒的步行路徑沉溺於不同高度的植株層層堆疊綠意：往谷底看是麵包樹，平行直視的是觀賞使用的旅人蕉科，由天堂鳥蕉、彩虹鳥蕉、黃麗鳥蕉和富紅赫蕉接力蔓延，下一秒又能驚見頭頂那朵鮮麗綻放的扶桑花。

最喜歡立春時期，肯氏南洋杉植物區的小徑沿途開滿珊瑚塔，以嫩綠襯底的橘紅色彩，一束束鱗狀苞片向上包覆，刷盡春日絮語的存在感。倘若想在市中心尋片寧靜綠地，建議做好防蚊措施，循線從鬱鬱蔥蔥間透進的光亮間輕盈前進。

面積約 8.3 公頃的草豐林茂，依照每個人的探險步伐可快可慢。若不過癮，一旁還有百年歷史的嘉義公園，修復師於 2022 年重新將公園裡超過 80 年歷史的尿尿小童恢復銅像模樣。經專家學者現場勘定，該尊小童可是與比利時布魯塞爾那尊 400 年歷史的擁有相同比例與模樣呢！

　　附近的「民權路炒麵」與「桃城
三禾火雞肉飯」是個人喜愛的樹木
園套餐，行千步路之後想找個地
方妥個身軀，安樂街有間選用興
波咖啡豆子的「珈琲解方」。如
果這裡是離開嘉義前的最後一站，
離樹木園腳程不到十分鐘的「Kano
遊客中心 - 嘉義之森 Jmori」，正
是可以入手林聰明沙鍋魚頭和阿
榮師啤酒鴨等知名伴手禮的選購
站。

嘉義樹木園
📍 嘉義市東區王田里山子頂 270 號
🕐 全天開放

Kano 遊客中心 - 嘉義之森 Jmori
📍 嘉義市東區東川里山子頂 269 號
🕐 10:00–18:00

阿里山達邦鄒族文化
Tsou Nature and Culture

　　嘉義一帶的鄒族部落曾分爲達邦社、特富野社、伊姆諸社和魯富都社四大社，今日阿里山鄉的達邦部落與特富野部落是目前鄒族現存的兩大社。根據阿里山鄉公所的介紹，達邦部落的主聚落位在海拔 952 公尺處，鄒族人對聚落的完整概念是涵蓋一個大社（hosa）和其附屬的小社（lenohi'u），雖然有從大社分出去的經濟行爲，但每當舉辦重要的宗教活動時，小社都得回到本社。

　　因此，在達邦部落的聚落中央，蓋有一座象徵鄒族傳統部落政治、

經濟和宗教活動中心的 Kuba（會所），高架干欄式建築以檜木或樺木作爲主架構，上頭再用茅草覆蓋；還會另外綁上前一個 Kuba 的部分木頭，提醒著族人自己從哪裡來。

　　曾聽達邦部落的 MO'O 老師分享，早年因鄒族和布農族領地相近，Kuba 是族人舉辦凱旋祭的地方：「部落防衛是部落男子最主要的任務，某方面 Kuba 也成爲耆老傳授戰鬥技能的地點，雖然現在常被稱爲男子聚會所，但取得敵首後舉行凱旋祭是最初設置的主要目的。」

　　保護家園的情懷，可以從 Kuba 的屋頂看出決心。族人會在 Kuba 的屋頂種植木槲蘭，作爲戰神在凱旋祭時辨識 Kuba 位置的指引。針對女性有月事不能進入 Kuba 的流傳，MO'O 老師也提出截然不同的觀點：「嚴格來說，只要是屋頂落雨線內的範圍，女性和孩童都不能進去。因爲取得敵首會招來惡靈，族人得保護他們安頓在神的保護底下。」來訪達邦切記尊重部落文化，相互提醒別刻意攀登。

　　鄒風館部落餐廳是隱匿在森林的甘旨，風味餐樣樣講究。供應多人合菜饗宴以及單人的鄒風館套餐，菜色隨著時令變化。以鄒風館套餐舉例，大致上包括原木烤肉拼盤、原木烤魚、添加紫米和小米的豪華獵人包、高山愛玉特製成的山泉愛玉豆腐，以及時令野菜延伸的主廚創意料理。

　　如果想入山體驗深度的鄒族文化，「好，日常 Profound Life」是少數經營達邦部落文化遊程的旅遊品牌，帶領遊客前往達邦大社和里佳小社曾經居住在的 Lavana（今日稱 iskiana），入住傳統家屋，共度三天與世無爭的深山生活。

　　深山沒有瓦斯管，你得與隊友分配砍柴和生火的任務，幸運的話，夜晚會伴隨迴盪山谷間的山羌叫聲入眠。每一餐會有固定配額的食材，但也能透過菜園與溪水的親身勞動，切身感受大自然的鄉情野趣。高山天氣宛如川劇變臉一般，風吹、日曬和雨淋都可能在一日之間瞬息萬變。

　　搖搖烤肉是夜幕落下的驅寒解方。在火塘上設置一個高點垂吊的烤肉架，利用烤網擺盪的方式讓平均火源的施力方向，減低食物燒焦的機率；也能調整烤網高度，控制接觸面積的火侯暫作保溫的效果。與旅伴共同窩在爐火旁，談天說笑地分享旅途經歷的稀罕事，為深夜製造唐突的笑料。

　　追隨獵人腳步，踏進原始森林的生命經歷難能可貴。遁入碧綠蔽天的叢林獵徑，學習如何辨認動物行經的痕跡，人們可能會踩到被野豬啃食過的果實、與被動物磨過的樹木擦肩而過、蹲低瞧瞧野豬玩過的

泥巴坑；若遇到被其他動物吃乾抹淨的骨骸也得習以爲常。再自然不
過的花開花落都在山林裡毫無保留，遊出意料之外的體悟。

鄒族自然與文化中心

📍 嘉義縣阿里山鄉 21 號

🕐 09:00–17:00，週一公休

鄒風館部落餐廳

📍 嘉義縣阿里山鄉 17 號

🕐 營業時間經常變動
　　上山前建議致電 0938867380 確認

📍 嘉義縣阿里山鄉（建議從自忠登山口進入）

🕐 全天開放

特富野古道
Tefuye Historical Trail

特富野古道位在嘉義縣阿里山鄉，古道擁有雙向入徑，有些人會從特富野上行至自忠；也可從新中橫公路的「自忠登山口」西行至特富野。因自忠登山口附近能提供汽車停放的空位較多，入口處還有小米麻糬這類的小型攤販可以作爲能量補給，較多人會選擇與南投縣信義鄉交界的自忠爲起始點。

此古道全長 6.32 公里，地勢平緩好走，老少咸宜，單趟四小時內的路程即可收攬海拔 1700 公尺到 2300 公尺的林相，豐富多變的景色成爲享譽全臺的健行步道之一。

最初爲北鄒族人的舊獵徑，鄒族人沿著稜線開闢路徑連接塔塔加和玉山地區，也有保護部落的要道功能。日治初期這裡是攀登玉山的主要路線，擅長將攝影技術應用在調查研究的日本人類學家鳥居龍藏及森丑之助，留下不少當年特富野一帶的生活紀錄。

爲了開發阿里山地區的森林資源，臺灣總督府積極築建阿里山鐵路，本線嘉義至沼平車站在 1914 年通車，後來陸續鋪設兩條林場線——塔山線及水山線——以拓展周邊效益，特富野古道中的山水線遺跡用來運送珍貴的紅檜和台灣扁柏原木，創下臺灣海拔最高的鐵路修築紀錄。林場砍伐業務結束後，森林火車便停駛，沿線鐵道也廢棄了，2001 年林務局嘉義林區管理處才將它整建爲休閒登山健行步道，舊鐵道枕木鐵軌因此幸運地被保留下來。

循著鐵軌前進，投身於一片柳杉人工林，兩側樹木高聳遮天，陽光閃過層層葉隙形成道道迷眩的光暈，理直氣壯地灑在人們前行的姿態上，現在開始正是趟源源不斷的芬多精自助餐，好好地在林蔭間大口呼吸吧。如果足夠幸運，還可能邂逅千元鈔票上的帝雉呢！

隙頂二延平步道

Xiding Eryanping Trail

　　隙頂二延平步道是阿里山國家風景區內著名的雲海步道，雲霧讓綿延的翠綠山巒都覆上一層濾鏡，浩渺間的曖昧不明吸引遊客紛至沓來，留下合影的風采。

　　隙頂原是鄒族人的狩獵區，鄒族語稱 Yauvakazna，意思是動物聚集之地。清末開始有零散漢人前來開墾，人們從隙頂山和二延平山之間的縫隙入山挖窯製炭、採草藥、鋸板和造紙，依著地勢的特徵稱之。早年因交通不便，大家把貨物擔下山買賣，還得先爬過數百層階梯，當地甚至流傳：「若嫁入隙頂山，沒死嘛黑乾。嫁下諸羅城，一工兩頓嘛好名。」一語道破生活困苦的辛勞。

　　阿里山公路（臺 18 線）完工後加速了經濟活動，農民相繼引進金萱茶與青心烏龍，隙頂便成爲重要茶區之一，好山好茶的優勢催生觀光休閒產業發展，過往愁苦的嘆息逐漸消匿在一心二葉之中，孵育出新的隙頂三寶：茶園步道、雲瀑雲海和二延平夕照。

　　臺 18 線旁的二延平步道全長約 1150 公尺，單趟腳程約 60 分鐘，屬於入門級的登山步道。階梯型的步道是我的罩門，為了應付即將被永無止盡的木棧道佔據雙眼，我與朋友喜歡先在步道入口處先來一份以龍眼木燻烤的大腸包小腸儲備體力。步道沿途可飽覽茶園、果樹、竹林和奇石等自然風光，人群散佈在小徑其間，錯落有致地追逐綠意；偶爾巧遇小農兜售新鮮現採的桂竹筍和龍鬚菜，招引遊客拎走野地的氣息。

　　嬌豔的晚霞是許多人邁步的目標，臨場感受黃澄澄的耀眼光芒墜入磅礴雲瀑，宛如一幕史詩級的電影畫面，好在心裡回味良久。

📍 嘉義縣番路鄉阿里山公路 27 號

🕐 全天開放

真心堡農場—夢浲森境

the Original Love of Afforestation

中埔鄉浲水村的夢浲森境,長年致力於推廣造林和草藥文化。農場主人陳錫卿深感家鄉的山林面貌過於單一,因此參與政府鼓勵的檳榔廢園計畫,將祖產的檳榔園剷平,重新以生態混植的造林方式復育近四公頃的土地。

夢浲森境入口的蜿蜒小路是條涇渭分明的分隔線。一邊是同一樹種密植的經濟造林;另一側則是混雜樹種層層相疊,高高低低的樹冠相錯,林相豐富,成了山羌、野豬、樹蛙和昆蟲輪番出沒的夢幻仙境。

近年來,陳錫卿與妻子陳書音將夢浲森境結合周邊的浲水祕境,開創生態體驗行程——「森林之愛

遊程」，邀請旅客前來沐浴於森林之中。戴上花圈宛如啟動感官的按鈕，跟隨農場主人的活動設計，民眾可以在叢林間細聞枝葉芬芳、發現動物打鬥的痕跡、抓取土壤的觸覺質感、靜下心沉浸於頌缽寧靜，四肢隨著路徑逐漸舒展，這秒抬腳越過樹根、幾步路後低頭讓位給織網的蜘蛛，在一場盛大的芬多精洗練之下，不禁輕聲細語，這裡的主角是百鳥的低鳴。

自種的藥用植物「莪朮」，俗稱黑薑黃，在中醫的角度適用於潤喉、消積止痛和跌打損傷等時機，塊根切面為藍綠黃色、葉脈中央為紫黑色，扳開來看，裡頭甚至散佈著漸層式的光暈，沉甸甸的色彩如同一幅梵谷的《星夜》。

此行程分為半日遊（3 小時）、一日遊（6 小時），提供多種食農手作體驗選擇，酵素果醬、特色紅麴、環保酵素清潔劑和原生種花草茶調飲，各個都是回歸自然生活的方案。「野菜蔬食感恩餐」則是漫步山徑後的重頭戲，選用當季食材入菜，每個人裝上一碗碗入時的祝福，任意席地而坐，褲管沾染的細沙塵土就是親近山野的最佳證明。

📍 嘉義縣中埔鄉沄水村竹頭崎 33 之 5 號
（請洽真心堡農場）

🕐 入園需預約

Recommand Route

5

推薦路線

奮起湖祕境探險

9:00
嘉義火車站
（阿里山林業鐵路）
↓
11:00
奮起湖
↓
11:30
鐵道山懷舊鐵路便當
↓
12:30
奮起湖步道
↓
14:00
百年檜木甜甜圈
↓
17:00
檜意森活村

奮起湖舊名「畚箕湖」，但這裡沒有湖，因三面環山狀似畚箕而得名。身為林業鐵路中途的最大車站，昔日列車會在此進行加水、添置煤材、車輛維護和檢修，林業間接帶動了車站周邊的聚落發展，誕生出臺灣海拔最高的老街。

除了自駕前往，搭乘百年歷史的阿里山林業鐵路也是嘉義的獨有體驗，乘車日前兩週即可在網路預約購票。阿里山林業鐵路在日治時期扮演載運木材到嘉義製材所加工的重要角色，隨著林業變遷，鐵路轉型成觀光列車，遊客可囊入從平原到山野的風光。

奮起湖
Fenqihu

　　嘉義火車站到奮起湖兩個多小時的車程，得經過 30 個隧道才會抵達，搖搖晃晃，重心隨著行進律動左右拋接，人們能明顯感受列車正在轉彎，身體感知會強烈烙印在旅途回憶裡。為了消磨冗長的乘車時光，列車長會分享行經的風景、提及站與站之間的鐵軌特色，連鐵道旁種植的檳榔樹、柚子樹、月桃或是竹子，都會細心指引目光的方向，將沿路風光拼成一篇季節的絕妙好文。

　　奮起湖的便當文化聲名遠播，因雙向路線的列車於中午時刻交會，旅客便可以趁隙買個便當作為午餐飽腹。老街是便當店的一級戰區，我經常會走到外圍的「鐵道山城懷舊鐵路便當」，坐在古宅外的檐廊，大啖古早風味。

奮起湖步道

Fenqihu Trail

當季節邁入酷暑，山腳下的日子總能感受席捲而來的熱氣，奮起湖就像是一襲綠意濃濃的袍，鑲綴著涼意。人們前來甩離暑氣，老街周圍有三個連成一圈的森林步道：遍植柳杉和臺灣杉的「杉林步道」、擁有日本神社石階遺跡的「奮起步道」，以及早期拖拉木材的「木馬棧道」，條條都是怡人的清爽提案。另外，在奮起湖老街與下腳店仔之間，也有片百年樹木組成的「臺灣肖楠母樹林」，滿是清幽寂靜。

此時，也別忘了來杯阿里山野生愛玉，豐富的果膠來自土地的饋贈。「百年檜木甜甜圈」更是人氣伴手禮，麵團香氣逼人，誘得尋香客以盒計量，封存豐饒的心意踏上歸途。

檜意森活村

Hinoki Village

　　平日來回一班車、假日三班車的奮起湖探險，絕對要謹記班次時間。回程下山後（可乘 14:30 車次），還可以從嘉義火車站搭計程車到「檜意森活村」一遊，品嚐福義軒現點現做的涼蛋捲，圓滿一整天的消暑旅程。

鐵道山城懷舊鐵路便當
📍 嘉義縣竹崎鄉阿里山公路中和支線 202 號
🕐 11:00−17:00

百年檜木甜甜圈
📍 嘉義縣竹崎鄉第 4 鄰號
🕐 08:30−17:00

檜意森活村
📍 嘉義市東區林森東路 1 號
🕐 10:00−18:00

福義軒（嘉義共和店）
📍 嘉義市共和路 372 號
🕐 10:00−18:00

東石舊漁港
Dongshi Fishing Port

與觀光氣息濃郁的漁人碼頭相比，1.5 公里外的東石舊漁港是片沉甸甸的寧靜。身為地方蚵農重要的生計場域，總能瞧見一艘艘膠筏停靠岸邊。膠筏從傳統竹筏演變而來，早年使用籐編捆綁麻竹，製程快但維修率高，漁民們後來才紛紛改用持久耐用的塑膠管接合船體。

東石舊漁港偶爾也能撞見蚵農正在「尬排仔」的景象，東石蚵仔的養殖方式多採用浮筏式養殖，將孟宗竹製成蚵排，協助蚵串可以長時間浸泡在海裡，以及繩結要如何綁得牢固以防禦風浪，都需要仰賴養蚵人家的掌中經驗，好讓扦插在水面的牡蠣殼順利邀請蚵苗附著生長，迎向隔年的收成。

272

吹著海風過活的人,即便在陸地也能從他們的雙瞳望見海的餘波盪漾。舊漁港旁的先天宮是地方信仰中心,廟前短小的街市盛滿蚵仔情懷,青蚵嫂各個手勁兒坦蕩直接,每一剖都是海的性格,挖出顆顆垂涎欲滴的鮮蚵;另外還有張羅熟食的熱鍋江湖,像是蚵仔湯、蚵仔煎、蚵仔酥和蚵嗲等,樣樣較勁著產地優勢。

我則偏愛「阿英蚵仔煎」與「東石阿德蚵嗲蚵仔包」兩間小攤,阿英蚵仔煎的蛤蜊湯格外透澈清甜;

蚵仔包是東石阿德的自創美食,以麵糊包覆鮮蚵、冬粉、蝦米和雞蛋,現炸燙口,嚐來都是海線人的生猛絮語,驚蟄午後味蕾。

東石舊漁港沒有過多的橋段設計,以平庸的日常示人即是特色。村民跟著潮汐作息,做些生意養家活口,若閒靜無事就乘著膠筏在港中停泊釣魚,隨著規律的浪波左歪右斜也是種消遣,彷彿自足全由黏附的鹹味而生。我們盯著彼此的夕陽剪影,發一場呆,共享屬於依海的安樂。

阿英蚵仔煎
📍 嘉義縣東石鄉東石村 256 號
🕙 10:00-18:00,週一公休

東石阿德蚵嗲蚵仔包
📍 嘉義縣東石鄉東石 206 號
🕙 10:00-17:00(週末延後至 17:30)週一～週三公休

東石白水湖壽島
Dongshi Baishuihu

　　這一帶早年有句地方俗語：「嫁入白水湖庄，沒擔也要扛。」鮮明道破女性鹽工的辛勞，也描繪當地在日治時期發展的鹽業歷史。白水湖舊稱「松仔港」，因松林雜草叢生的水中沙崙意象而取之；之後因建築的堤防時常敵不過颱風漩起的海水倒灌，透明晶體總染得鹽田白花花一片，便有了白水湖的稱號。

　　時常被聯想在一起的壽島，原是白水湖的離岸沙洲，1932 年搭建聯絡道路，後來甚至一度打造成壽島海水浴場作爲觀光景點。然而，受

到地層下陷與海浪沖刷的影響，戰後被劃定爲戲水禁區。這條唯有退潮時才能看見聯絡道路顯現的奇景，本是寧靜漁村依著潮汐漲退的日常吞吐，沒想到因奇幻愛情國片《消失的情人節》的電影取景而聲名大噪。

阿泰（劉冠廷飾演）載著楊曉淇（李霈瑜飾演）前往祕密基地的片段，沿途漂浮的浮棚式蚵架以及浸泡在水面下的小徑，攫住影迷目光，當觀眾從鏡頭高空俯瞰阿泰完成願望，也成功撩動大家前往東石一探究竟的高昂興致。

潮汐日日變化，務必事先確認往返的時段是否合適。乾潮時，道路兩邊偶爾會撞見殘缺不全的磚瓦，那是過往鹽工家庭拚搏過的鐵證；錯落的斷磚也成爲一場俄羅斯方塊，肆意拼成一幅矩形，好讓我們從中透視白水湖的風光，不時還會竄出乾瘦的木麻黃點綴綠意。仔細觀

275

察行走之處，腳邊正施展一場場白色魔法，成群的小螃蟹竄出再隱入沙坑，牠們如同《消失的情人節》裡永遠快一秒的楊曉淇，註定是場人類先投降的捉迷藏。

　　白水湖壽島也是許多攝影愛好者的追逐聖地，若幸運遇上乾潮時段是日落時分，建議至少提前一個小時抵達，可以捕捉天色進入黑夜前的匍匐漸進，由藍轉橘再漸漸潛入靜寂的晦暗，魅惑的時刻總是最令人著迷。

📍 嘉義縣東石鄉白水湖
🕐 全天開放

📍 嘉義縣東石鄉鰲鼓村四股 54 號

🕐 09:00–16:30，週一公休

鰲鼓濕地森林園區

Aogu Wetland & Forest Park

佔地 1470 公頃的鰲鼓濕地，被堤防圈起像塊馬蹄，恰似沿海最蒼勁有力的踏步。最初因濁水溪挾帶的大量泥沙，在出海口熨出了沙洲，伸展成海埔新生地。隨著不同年代築堤圍繞，逐年演變爲濕地，吸引百種候鳥棲息聚集，而每年乘著東北季風前來的黑面琵鷺是濕地的人氣王。

最早開發海埔新生地的是日本人，日治時期先在上頭設置鰲鼓農場，種植甘蔗供應給蒜頭糖廠作爲原料；戰後交給台灣糖業公司管理，進行水稻種植、畜牧和魚塭養殖的複合式應用。堤防出去就是外海，歷經長年的地層下陷、土壤鹽化和颱風引起的鹽水入侵，農牧用地已經奄奄一息。

水陸鑲嵌的閒置地貌，使水鳥成了新主人。爲了建立平衡的生態永續，林務局協助推動平地造林，培訓附近村民成爲專業的導覽解說團隊，互相借力使力。這些愛護土地的人們，帶領大眾辨識鳥類習性之外，全年輪班監測生態變化、救援受傷的鳥禽，還得巡守是否有遊客違法垂釣。

散客可以先至東石自然生態展示館觀展，理解鰲鼓濕地的概廓雛形，再開始行車環繞防汛道路，從一號賞鳥亭依序探訪北堤濕地、西堤濕地和南堤濕地。超過十人的團客，建議到鰲鼓濕地粉絲團查看聯繫資訊，安排一場戶外解說服務，深度感受豐饒的自然景觀與人文情誼。

鳥類多達 240 種以上的鰲鼓濕地，眾鳥也不是天天上班；若在園區遇到穿制服的導覽老師，也可以上前詢問，當天氣候在幾號賞鳥亭有比較多鳥類結集成群。個人對南堤濕地的千島湖情有獨鍾，探出水面的千嶼交互爭翠，大白鷺、小白鷺和蒼鷺恬適故我，靈氣豐腴。

布袋好美里水漾森林

Shuiyang Forest

布袋一直是地層下陷的顯著區域，土地長年受到土壤鹽化的問題侵擾，沿海地帶既枯且疏的樹影倔強地維持行列。跟著地標循駛前來，會先經過以 3D 彩繪聞名的「好美里聚落」，再開進荒蕪的鄉間小路之中。看到一面標示編號第 1920 號飛砂防止保安林的指示牌即可停車改為步行入林。

因水漾森林是 2018 年 823 水災時，海水倒灌導致積水未退的景觀，靠近水面的土壤部分是看不出來的泥濘陷阱，請避免穿著全白鞋子前來。這裡人煙稀少，但也不是萬物寂靜無聲，鳥鳴如同立體環繞音響步步伴隨，沿途時常也有魚兒躍出水面的聲音；越往裡頭走，便能遇上大片木麻黃浸在水裡成為枯

木的景觀，感受樹影映照在水面的搖曳姿態。

誤打誤撞成為祕境的好美里水漾森林不會是長久的地景，真實的身分依舊是為了阻擋來自海洋強風和鹽分侵蝕的保安林，待積水退去後將會種植耐水性佳的紅樹林樹種。保安林一直是沿海地帶默默付出的幕後英雄，因西部海岸線多是沙粒為主的土壤，從臺灣海峽望向臺灣本島的風向思考，沿岸得由低到高依序決定樹木的栽種類別，逐漸將

風沙往上帶才不會直貫民宅，以維護社區與沿海養殖的安全。

再往前行駛五分鐘的「好美里防風林」是夕陽美景勝地。翻越河堤迎來一望無際的靜謐沙灘，夕陽在浪花豪撒大片金波，瞇著眼追隨點點閃耀，踏濺而起的水花剔透，任誰都沉醉在這般魔幻時刻。若恰巧碰上退潮，還能拍上一系列屬於嘉義的天空之鏡，海風的颼颼絮語訴盡深藏累世的自然魅力。

📍 嘉義縣布袋鎮（Google Maps 搜尋：好美里 - 水漾森林）
🕐 全天開放

Recommand Route

6

推 薦 路 線

♪♪

仁義潭自然風光

想要來趟博學的自然課，近郊的仁義潭周邊景點也能體會。引八掌溪的仁義潭屬於離槽水庫，負責供應嘉義地區的民生用水。因時常有氤氳雲霧籠罩周圍，醞釀出若隱若現的山水秀麗，招引數間景觀飯店依著湖畔興建，標榜景觀房型以收攏旅客芳心。

10:00
仁義潭水庫
↓
12:00
享用午餐
↓
13:00
曙光玫瑰莊園
↓
15:00
嘉義大學昆蟲館

仁義潭水庫

📍 嘉義縣番路鄉溢洪道

🕐 全天開放

　　百花齊放的不僅是旅宿業者，藍天裡一面面翱翔的風箏也是仁義潭的辨識標誌。每到晴空萬里，潭邊聚集各路的風箏好手，仁義潭上綿延的潭堤瞬間成爲風箏放飛的賽道，紛紛趁著風勢起飛，雖不說破，但人們默默掌控手上的風箏線較量高低，路過的人們只需仰頭就是天空競技場的入場券，增添不少散步樂趣。

曙光玫瑰莊園

📍 嘉義縣番路鄉新福村 5 鄰大庄 3-20 號
🕐 09:00-17:00

　　十分鐘的車程便可抵達曙光玫瑰莊園，全區講究有機栽種，主打適合庭院造景的樹玫瑰，近百項玫瑰品種即使近距離嗅聞或觸摸都不會有農藥疑慮，每年冬天和春天則是玫瑰容貌最爭妍鬥豔的季節。因園區會固定採收玫瑰，建議先致電詢問現場花況再前往。

　　即摘即食的品質信心，園主將玫瑰原料開發成花茶、花醬、冰淇淋和巧克力等系列商品。在這初次嚐到玫瑰蜜餞的特別滋味，是用新鮮玫瑰手炒麥芽糖再撒上大量乾燥玫瑰，滿有意思。

嘉義大學昆蟲館

📍 嘉義市東區學府路 300 號
🕐 09:30–17:30，週一、週二公休

　　身陷招蜂引蝶的花叢中，若對眼前的昆蟲一無所知可能有點失禮。嘉義大學昆蟲館是另外一座知識寶庫，展覽空間分為標本展示區、保育類昆蟲模型、活體昆蟲區和蝴蝶溫室花園，雖然展區的陳設方式過於守舊，但若耐著性子好好把展區內容讀完，依然能得到不少驚奇的冷知識。

　　例如：枯球籮紋蛾被封為「阿里山上的神蹟」，因每年農曆的 3 月初 3 玄天上帝誕辰前後，常常有成群的枯球籮紋蛾飛進廟內，雖是趨光性所使，但枯球籮紋蛾總是棲息在神像上，被信徒稱為神蛾祝壽的阿里山奇觀。

裏嘉義

從藝文空間、巷弄小吃到山海風景，走進在地人眼中的生活角落

作　　者｜下港女子 ekangwoman

責任編輯｜李雅蓁 Maki Lee
責任行銷｜鄧雅云 Elsa Deng
封面裝幀｜謝捲子 Makoto Hsieh
版面構成｜譚思敏 Emma Tan
校　　對｜楊玲宜 Erin Yang
攝影創作｜郭志暉、楊甯凱（書背照片©嘉義中埔震安宮）

發 行 人｜林隆奮 Frank Lin
社　　長｜蘇國林 Green Su

總 編 輯｜葉怡慧 Carol Yeh
主　　編｜鄭世佳 Josephine Cheng
行銷主任｜朱韻淑 Vina Ju
業務處長｜吳宗庭 Tim Wu
業務主任｜蘇倍生 Benson Su
業務專員｜鍾依娟 Irina Chung
業務秘書｜陳曉琪 Angel Chen
　　　　　莊皓雯 Gia Chuang

發行公司｜悅知文化 精誠資訊股份有限公司
地　　址｜105 台北市松山區復興北路99號12樓
專　　線｜(02) 2719-8811
傳　　真｜(02) 2719-7980
網　　址｜http://www.delightpress.com.tw
客服信箱｜cs@delightpress.com.tw
ISBN｜978-626-7288-57-3
初版四刷｜2024年04月
建議售價｜新台幣460元

國家圖書館出版品預行編目資料

裏嘉義：從藝文空間、巷弄小吃到山海風景，走進在
地人眼中的生活角落 / 下港女子著 . – 一版. – 臺北市：
悅知文化 精誠資訊股份有限公司, 2023.07
288面；16.5×22公分
ISBN 978-626-7288-57-3 (平裝)
1.CST: 旅遊 2.CST: 嘉義縣

733.9/125.6　　　　　　　　　　112010383

本書若有缺頁、破損或裝訂錯誤，請寄回更換
Printed in Taiwan

悦知文化
Delight Press

線上讀者問卷 TAKE OUR ONLINE READER SURVEY

百年前的城市風華、靜僻的山巒綠意，皆是悠緩時光裡的道地風景。

——————《裏嘉義》

請拿出手機掃描以下QRcode或輸入
以下網址，即可連結讀者問卷。
關於這本書的任何閱讀心得或建議，
歡迎與我們分享 ☺

http://bit.ly/39JntxZ